岭南理论视野丛书

福柯的生命政治学图绘

Drawing of Foucault's Biopolitics

陈培永 著

中国社会科学出版社

图书在版编目（CIP）数据

福柯的生命政治学图绘/陈培永著.—北京：中国社会科学出版社，2017.1
ISBN 978-7-5161-9610-6（2018.4 重印）

Ⅰ.①福…　Ⅱ.①陈…　Ⅲ.①福柯（Foucault, Michel 1926—1984）—哲学思想—研究　Ⅳ.①B565.59

中国版本图书馆 CIP 数据核字（2017）第 000727 号

出 版 人	赵剑英
责任编辑	安　芳
特约编辑	席建海
责任校对	冯英爽
责任印制	李寡寡

出　　版	中国社会科学出版社
社　　址	北京鼓楼西大街甲 158 号
邮　　编	100720
网　　址	http://www.csspw.cn
发 行 部	010-84083685
门 市 部	010-84029450
经　　销	新华书店及其他书店
印　　刷	北京明恒达印刷有限公司
装　　订	廊坊市广阳区广增装订厂
版　　次	2017 年 1 月第 1 版
印　　次	2018 年 4 月第 2 次印刷
开　　本	787×1092　1/16
印　　张	13.25
字　　数	165 千字
定　　价	39.00 元

凡购买中国社会科学出版社图书，如有质量问题请与本社营销中心联系调换
电话：010-84083683
版权所有　侵权必究

目 录 / CONTENTS

引　言　权力的图谱 / 001

第一章　微观的视域 / 011

　　一　宏观权力论 / 012

　　二　微观分析法 / 017

　　三　权力的装置 / 022

第二章　统治的本性 / 029

　　一　合法的统治 / 030

　　二　惩罚的方式 / 033

　　三　死亡的沿袭 / 038

第三章　身体的规训 / 043

　　一　政治的肉体 / 044

二　规训的手段 / 049

三　监狱型社会 / 056

第四章　人口的安全 / 061

一　自然的人口 / 062

二　健康的政治 / 067

三　安全的技术 / 072

第五章　种族的战争 / 078

一　永恒战争 / 079

二　种族主义 / 083

三　保卫社会 / 087

第六章　性的操控 / 092

一　批判性压抑 / 093

二　建构性经验 / 097

三　激发性话语 / 102

四　探究性真相 / 106

第七章　治理术的诞生 / 111

一　从统治到治理 / 112

二　治理术如何诞生 / 114

三　治理的合理性 / 117

四　治理术的历史实践 / 119

第八章　羊群的牧领 / 122

一　牧领权力的原初观念 / 123

二　基督教的牧领制度 / 127

三　牧领权力的现代转变 / 131

四　牧领权力的问题审视 / 135

第九章　国家的理由 / 138

一　国家理由的特质 / 139

二　国家理由的治理技术 / 143

三　国家治理的内外限制 / 147

第十章　自由的伎俩 / 151

一　自由主义的治理技艺 / 152

二　新自由主义的治理技艺 / 158

三　经济人、市民社会与法治国家 / 163

四　自由理由治理术的后果 / 168

第十一章　自我的技术 / 172
　　一　反支配技术 / 173
　　二　关心你自己 / 177
　　三　生存的美学 / 182
　　四　快感的享用 / 186

结　语　权力的放逐 / 192

参考文献 / 197

后　记 / 202

权力的图谱

但凡伟大的思想家,他的名字总会与某个范畴联系在一起,正如柏拉图之于"理念",马克思之于"资本",海德格尔之于"存在",德里达之于"解构",等等。法国哲学家福柯(Michel Foucault, 1926—1984)的名字是与"权力"紧紧勾连在一起的,他应该算是名副其实的、独具一格的权力哲学家,尽管他曾经公开强调自己研究的总主题不是权力而是主体,尽管他一直认为自己没有致力于研究权力的总体理论,而只是对权力运作的机制进行了分析。

综观不同时期的文本,福柯的研究预设了"统治权力"(pouvoir souverain)①,开始于"规训权力"(pouvoir surveiller),落脚于"生命权力"(biopouvoir),图绘了一幅相对完整的权力技术发展史,形成了一套不算博大精深,但却被当代众多思想家不断演绎的

---

① "pouvoir souverain"经常被译为"统治权"或"主权",为了和规训权力、生命权力相对应,本书统一译为"统治权力"。

"生命政治学"①。只是，生命权力或生命政治（biopolitique）② 在福柯的著作中出现的频率其实不算很高，严格来说，福柯没有一本专门详细讲述生命权力或生命政治的书③，他总是蜻蜓点水般地提及，并经常使其淹没在思想史的漫长梳理中，这一范畴因此没有清晰地呈现出来。

我们有必要先对生命权力的概念作出界定，最首要的是要搞清楚"biopouvoir"和"biopolitique"两词的前缀"bio"。这个前缀相当于两个法语词，一个是"vie"，一个是"biologique"或"espèce"。前者是指"生命"，与死亡相对应。我们说每一个人是都有生命的，要爱惜生命，不能糟蹋生命，谁都不能随意剥夺他人

---

① 福柯不是第一个提出生命政治的理论家，研究福柯的学者指出了这一点，福柯也公开承认过。在法兰西学院 1977—1978 年的演讲《安全、领土与人口》中，他认为生命政治学的"第一人"是莫奥（Moheau），法国男爵孟提翁（Auget de Montyon）的秘书，这两人在法国思想史上几乎没有任何位置。福柯无疑是将生命政治发扬光大的人，一批活跃于当代左派学界的思想家纷纷从他这里寻求灵感，发挥重建自己的学说。这些思想家除东欧新马克思主义的代表人物阿格妮丝·赫勒（Agnes Heller, 1929— ）之外，主要还有活跃于欧美学界的奈格里（Antonio Negri, 1933— ）、阿甘本（Giorgio Agamben, 1942— ）、埃斯波西托（Roberto Esposito, 1950— ）、保罗·维尔诺（Paolo Virno, 1952— ）、拉扎拉托（Maurizio Lazzarato, 1955— ）等意大利思想家。

② "生命权力"和"生命政治"在福柯的文本中，并没有明确的区分，两者是模糊的，有时还是混用的。这本书所说的"生命政治学"是指以福柯的生命权力或生命政治为研究对象的学说、理论。

③ 福柯涉及生命政治、生命权力的著作主要包括《性经验史》第一卷（1976），以及根据法兰西学院演讲的课程整理出版的著作《必须保卫社会》（1975—1976）、《安全、领土与人口》（1977—1978）、《生命政治的诞生》（1978—1979）等，另外还有一些更不够系统化的讲座、报告或访谈。

的生命。"生命权力"从这个层面理解就是负责生命的权力,是想办法让人活或让人活得更好的权力,它不是通过让人死来展示权力的威严,而是通过让人活来展示权力的力量。后者是"生物"或"物种"的意思,它不是把人或人类看作与动物不同的、摆脱动物性的"人",而是看作为一种与其他动物属性并无本质不同的生物物种。"生命权力"从这个层面来理解就是关注人的生物特征的权力,它不再强调人类相对于其他物种的独特性,不再强调个体相对于人群的特殊性,而是把人的生物特征或作为物种的人类纳入政治考量,纳入总体战略内部,力图维系人类物种的存在、安全、健康。

就此而言,把"biopouvoir"译成"生命权力"与"生物权力",都有一定道理,但任何一种翻译都没办法涵盖它的全部内容,因为生命权力既关涉人这种生物,又关涉人这种生物的生命,它是关注作为生物的、特定物种的人的生命的维系和发展的权力。福柯在个别场合也曾区分了生命与生物,他认为人的肉体不仅仅是生物的母体,也是生命的母体,生物是自然意义上的,生命则是知识论层面上的,是权力为了更好实施而创构出来的。在1971年与乔姆斯基(Avram Noam Chomsky)的著名辩论中,福柯曾谈道:"生命这一概念不是一个科学概念,它一直是认识论的一个标志"[1],"生命"在18世纪末生物学知识发生嬗变时出现,其价值在于定位某一类话语体系。可以理解为,权力建构了"生命",它正是借助于

---

[1] [美]乔姆斯基、[法]米歇尔·福柯:《乔姆斯基、福柯论辩录》,刘玉红译,漓江出版社2012年版,第17页。

关于生命的知识、话语，将人描述成超越于动物之上、非一般物种的生命体，赋予了自己支配人的合法性与正当性，所以将"biopouvoir"翻译成"生命权力"，更能把握这种权力类型的特点，而译成"生物权力"，只能显示出这种权力类型把人降落为生物的负面效应，不利于全面把握这种权力的独特性。

　　如何完整地理解福柯的生命权力？这就要从把握他的微观权力分析法开始。在福柯看来，以往的权力理论，主要指以自由主义和马克思主义为代表的权力理论都可以被归之于"宏观权力论"，这些理论认定权力总是体现在君主、国家、政党这样的实体机构上，其努力的方向或者是论证政治权力的合法性，或者是抨击政治权力运作存在的问题，并力图通过制约权力来推进社会公平和个人自由。福柯则认为，权力隐藏得很深，有中心，也有看不到的、不为人所知的支撑点，不能把权力局部化。权力理论重要的不应该是指认谁拥有权力，论证这种权力是否合法与正当，去批判它可能或现实地对个人自由的压制和否定，重要的是要看到无所不在的权力，看到权力的技术手段是多种多样的，它的功能既有压制性的、镇压性的，又有生产性的、积极性的。正是借助于对权力理论的批判与对权力隐形技术的聚焦，福柯找到了分析权力的微观方法论，看到了不同权力形式的转变（参看第一章）。

　　反对宏观权力论，不代表福柯否认存在所谓的国家权力和君主权力。他承认，在18世纪以前占据主导形式的权力类型是以君主或国家为化身的统治权力。这种统治权力作用的对立面是臣民或者公民，是受法律保护或者受契约保护的权利主体。它采用的主要技术是法律和惩罚，即对臣民或公民的合法权利进行保障，对其违反

引 言
权力的图谱

法律的行为进行惩罚。它总体上是压制性的、否定性的，通过"使人死"（杀人、酷刑、驱逐、剥夺等手段）来展示自己。统治权力与生命有所联系，只不过它是以让人的生命消亡或以压制生命力量作为主要技术手段的，因此不能算是生命权力。但在福柯看来，为这种权力进行论证的社会契约学说，认为人们订立契约将权力交给君主或国家，是为了不让自己的生命、自由被随意剥夺，让自己生活得更好，实际上涉及生与死的问题，说明生命在政治权力的分析领域中开始问题化、中心化了（参看第二章）。

18世纪，权力的技术发生变化，两种新类型的权力出现了。一种是规训权力，这种权力不再有明确的、高高在上的中心，它已经潜入学校、工厂、医院、军队、监狱等社会机构中，教师、监工、医生、长官、狱警等都可以行使。规训权力不把自己的对象定位为法律主体、权利主体，而是定位为具有肉体、具有劳动能力的人，它采用的技术主要是纪律和规范，将人的肉体组织在学校、工厂、医院、军队等不同的空间中，对它进行监视、锻炼、训练、矫正，通过制定规范的标准进行奖罚，督促每个人着力于增强身体的力量，提高自己的能力，对经济社会系统做出更大贡献。它不是让人死，而是让人的生命延续，让肉体更有力量也更能被驯服。福柯因此也将规训权力称之为"人体的解剖政治"（参看第三章）。

第二种类型的权力就是生命权力。与规训权力相似，生命权力也没有中心，被国家机构人员、生物学家、精神病学家、公共卫生学家等行使。它针对的对象也是人的肉体，只不过不是个体的肉体，而是人这个物种的肉体，是整个人口的生命。人口当然不是个体的法律主体、权利主体构成的社会集合体，而是单个生物体构成的生物性群体，是人这种生物构成的生物性群体。生命权力不关注个体，而是把个体看作为物种的一分子，它只关注整体、全体，不会从个体角度去考虑问题。它采用的技术是安全和调控，关注人这个物种的繁殖、出生和死亡、健康水平、寿命和长寿，以及能够使这些要素发生变化的条件，它试图控制的是一系列偶然事件或概率，以使人口达到总体的平衡和整体的安全的目标。它也被福柯称之为"人口的生命政治"（参看第四章）。

　　三种权力在历史上并不是交替出现，只是在18世纪发生了重大转变，统治权力的主导地位让位给规训权力和生命权力，让人死的权力让位给管理生命、使人活的权力。规训权力和生命权力是让人活的权力，它要尽可能地避免生命的死亡，它要否定死亡，因为死亡意味着人摆脱了权力，意味着权力操控的失败。福柯指出，对个人肉体的规训和对人口安全的调控，构成生命权力机制展开的两极。福柯对生命权力的理解因此应有广义与狭义之分，广义理解它包括规训权力，狭义理解就仅仅指生命权力。如果相对于统治权力或君主权力，生命权力就包括两者，即包括"对人体的解剖政治"和"对人口的生命政治"，如果进行细分，生命权力就是狭义的，与规训权力对应。两种权力有着自己的分工，规训权力把人群分解为个体，产生个人化的后果，是对细节的控制，生命权力把人组成整体的大众，产生整体化的后果，是对总体的调节。一个是人—肉体，一个是人—类别，这两种技术其实都是肉体的技术，前一种情况下肉体被个人化，作为有能力的有机体，后一种情况下肉体被置于整体的生物学过程中。这是两个系列：肉体系列—人体—纪律—机构；人口系列—生物学过程—调节机制—国家。

引 言
权力的图谱

  这两个系列共同服务于资本主义发展的需要,"这一生命权力无疑是资本主义发展的一个必不可少的要素。如果不把肉体有控制地纳入生产机器之中,如果不对经济过程中的人口现象进行调整,那么资本主义的发展就得不到保证。但是资本主义的发展要求得更多。它要求增大肉体的规训和人口的调节,让它们变得更加有用和驯服。它还要求能够增强各种力量、能力和一般生命的权力手段,而不至于使得它们变得更加难以驯服"[①]。从这段话中,我们明显能够读出福柯创造性发挥生命权力理论的目的,他要进行的是资本主义生产方式的批判,他批判的矛头不是君主的统治权力,而是启蒙运动以来资产阶级社会的权力运作,一种已经砍掉国王的脑袋之后的权力,一种在启蒙、人道、自由、平等、博爱等名义之下运行的权力。我们会惊讶地发现,福柯与马克思进行着同样的事业,批判的是同一种生产方式和社会形态,只不过一个是权力逻辑批判,一个是资本逻辑批判。在对不同对象的批判中,我们能够看到很多相似点,能够看到福柯在很多方面都在不加引号地引用马克思,他向马克思致敬的方式是独特的,是创造性的,这一点值得学习。

  福柯绝对不是要通过对规训权力和生命权力的描述,来表达对权力演变历史的讴歌和赞颂。他要说明的是,权力绝对不是像它表面所展示的那样去运作。生命权力并不是不让人死的权力,它只是名义上负责生命,负责人口的生命,实际上它保留了统治权力让人死的权力属性,只不过,它进行包装或者伪装,让人难以察觉。福

[①] [法]福柯:《性经验史》,佘碧平译,上海人民出版社2005年版,第91页。

柯发现，生命权力发挥让人死的功能是通过国家种族主义来实现的，种族主义及作为其集大成表现形式的纳粹主义正是生命权力运作的手段。为了种族的纯洁，必须让不纯洁的部分人去死，为了物种必须屠杀物种，为了生命必须牺牲生命，这彰显了生命权力最可怕的逻辑。旨在负责人的生命的诸多机构与庞大的毁灭性机制为什么会在政治结构中共存，生命保障为什么会与大屠杀的死亡命令联系在一起，这是福柯利用生命权力要思考的现代性重大问题（参看第五章）。

　　福柯警示我们，权力从来没有放弃它的死亡或压抑本性，没有丢掉它魔鬼性的一面。它今天越表现出天使的一面，就将魔鬼性的一面隐藏得越深，我们就越需要提防、辨识它的狡计。权力从来没有放弃对人的操控，没有放弃对人的生活、人的肉体、灵魂、性等各个方面的入侵，而且它已经巧妙地深入人的最隐秘的领域中。性关乎人的身体，也关乎人口繁衍，规训权力与生命权力共同的对象就是性，它们打着对个人身体健康负责，对人类社会的未来负责的名义，通过构建性经验机制，激发性话语，探究性真相，进入对性的操控中。当性都已经被权力俘获的时候，我们还能充满自信地说，我们越来越不受权力的束缚，越来越自由了吗？（参看第六章）

　　今天的我们都在被权力所治理，都生活在生命权力的治理术之中。权力一直在寻求着更符合理性、更能让人自觉认同的治理术。福柯在生命权力的研究中揭示了西方治理术的源泉，答案令人瞠目，西方治理术诞生于羊圈之中，诞生于基督教的牧师权力之中，权力行使者和权力作用的对象是牧羊人和羊群的关系，牧羊人对羊群的治理被宣称为最无微不至、最大公无私的治理，但其中最根本的隐喻是人被看作羊，看作动物，而不是人。牧师治理发展到以国家为理由的治理、以自由为理由的治理，标志着权力的治理术不断寻求更合理的理由，它以国家利益，保卫社会，提供安全，给人自由等高大上的名义来"治理"。通过生命权力的治理术的分析，福柯重新审视了"自由主义""市场经济""法治国家""经济人""市民社会"等范畴，得出的结论是，它们只是权力为了更好治理、为了更巧妙地支配人所建构的理念。我们接受了这些理念，我们也因此成为被权力完全治理的对象（参看第七至第十章）。

尽管福柯总是在讲历史，讲临床医学的历史，疯癫的历史，性经验的历史，不正常人的历史，惩罚的历史，治理术的历史，实际上他却总是在批判，对现实进行批判。他不满意于人的生命进入权力和知识的掌控之中，人被权力的技术彻底征服，被资本主义所彻底征服。他要回答如何打破生命权力支配的问题。这是晚年福柯的核心问题，也可能是令他最苦恼的问题。他回到了古希腊、古罗马，从古代的养生法、家政学、同性恋中找到"自我的技术"，他呼吁人去关心自己，去寻求自我的伦理学、生存的美学，去学会享用快感，问题是，这真的是抵抗生命权力的技术吗？这真的是打破深入一切领域的生命权力支配的行之有效的方法吗？对生活在现实生活中的我们来说，这种自我的技术是苍白的，是可爱而不可适用的，是思想家无力和无奈的例证！（第十一章）

这本书是对福柯的生命政治学（以生命权力或生命政治为研究对象的学说）的全景图绘。第一章将分析福柯研究权力的微观视角，这是理解福柯整个权力理论架构的方法论前提。第二章分析福柯的统治权力理论，尽管他认为统治权力不是现当代社会主导的权力形式，但它让人死的、压制人的特质一直遗传到生命权力的技术中。第三章分析规训权力对人的肉体（身体）的规训技术。第四章、第五章、第六章进入狭义理解的生命权力的分析，分别是它对人口的安全管控，对种族战争话语的借用，对性的操控。第七章至第十章用来分析生命权力的治理术实践，第七章是治理术总论，接下来三章分析治理术的三种历史形式，作为治理术前奏的牧师权力，以国家为理由的国家治理术以及以自由为理由的自由主义治理术。第十一章探讨自我的技术，这是福柯晚年一直倾心研究的反权力支配的技术。

第一章

微观的视域

每一种权力理论,都有特定方法论的支援。理解福柯的生命权力论,首先应该把握他分析权力的独特方法。福柯一改传统政治哲学研究权力的进路,独辟蹊径,实现了权力分析范式的转换,开创了颇有特色的微观权力论。尽管过于偏激地强调了权力的无所不在,有权力泛化论或权力本体论的倾向,但不可否认的是,福柯在权力分析方法方面的突破,对于批判反思已有的权力理论,进一步创新性地思考权力问题有借鉴意义。

一　宏观权力论

所有的大哲学家似乎都有一种套路，那就是否定批判之前哲学家的相关研究结论，然后再提出自己的独特见解，似乎只有这样，才能更好凸显自己思想的高明。福柯的权力哲学正是建立在对传统权力理论的批判与反思的基础之上。他的矛头对准的主要是以霍布斯、马基雅维利为代表的自由主义权力理论（契约法权论），以及马克思主义权力理论（经济功能论）。从他瞄准的靶子来看，福柯在权力理论重构方面野心勃勃，这种站在巨人肩膀上的言说，决定了他能够获得理论的新突破。在福柯看来，以前的权力理论之所以未能勘破权力的实质，是因为它们都停留在宏观权力理论的层面，无法真正深入权力的细节之中。这种宏观权力论经他的总结，有几个方面的特征：

其一，权力总以特定的机构为代表，有特定的中心，如君主、国家、政府、政党等。权力往往被等同为君主权力、国家主权等政治权力形式。权力理论最初是围绕君主政体和君主的问题建构起来，从16世纪开始，权力理论成为要么限制王权、要么加强王权的工具。18世纪则成了反对专制或集权的官僚君主政体、为民主议会的国家政治权力论证的武器。但无论如何改变，权力理论都没有与君主权力、与国家政治权力分离，它的逻辑基本上可以用君主权力和臣民、国家权力与公民关系的术语来描述，它主要关涉君主权力、国家权力如何更好实施，如何维持社会秩序的稳定和发展，赋予臣民、公民以更多的权利。

第一章
微观的视域

其二，权力是一种可以占有的物，可获得、抓住、占有的实体东西，或可以拥有的能力、力量，可以享有的权利资源。自由主义的经典法权理论将权力视为像财产、财富、商品一样的东西或权利，认为它可以为每个个体所有，个体可根据自己的意志，通过契约行为来转移和让渡。权力因此在财产流通的经济中找到它形式上的模型，福柯反对这种权力的"商品属性"，他质疑的就是："权力是以商品为模式吗？它为我们所占有，获得，根据合同放弃、转让和重新获得，流通或取消吗？"[①] 福柯还批判了马克思主义的权力理论，认为它将权力视作实现和维护阶级利益的主要工具，其主要职能是"既维持生产关系，又再生产阶级的统治"，被压迫阶级必须去夺取权力以实现自己各个方面的权益，因此陷入了权力的"经济功能性"而不能自拔。马克思主义和自由主义权力理论的共同问题在福柯看来，就是陷入权力理论的经济主义中，把权力看作经济的附属，旨在从经济中发现政治权力存在的"模型"，认定权力总是由经济来决定并由经济来规定它的功能。

其三，权力的本质是实行禁止和拒绝，它是对自然、本能、个人、阶级的压制，产生一系列像排除、拒斥、阻碍、掩藏、压迫、奴役等否定性的效果。按照其逻辑，谁拥有政治权力，谁就能够运用这种权力来统治、支配、控制、命令其他人。自由主义政治哲学家们关注的重点因此是如何更好地约束特定权力主体的权力，避免权力的滥用，而马克思主义站在被权力支配的个体或阶级这边，提

[①] [法]福柯：《权力的眼睛——福柯访谈录》，严锋译，上海人民出版社1997年版，第224页。

倡的是要想获得自由和解放，就必须推翻权力主体的统治，占有权力。福柯认为，宏观权力理论没有看到权力不单纯是否定性的力量，它还是生产性的力量，它有积极的效应，它生产出话语，生产出知识，生产出健康的身体，承担着生命的责任，具有一系列有益的效果。而看不到权力的生产性力量，就会看不到权力的综合的、复杂的技术，就会武断地否定权力的积极作用。

其四，权力总与法律、合法性问题勾连在一起。理论家或千方百计地为现存统治秩序寻求合法化资源，或极力批判统治者的残酷性或非法性。启蒙运动以来的自由主义法权理论往往是论证政治权力归属于人民，它必须按照人们的意志合法地、正当地实施。它的理论设想是，最初的人们在最初状态下平等地拥有权利，但在行使权利的过程中不可避免地造成相互侵害的局面，为了摆脱这种状态，更好地实现自己的权利，人们通过法律行为，采取契约的形式，来让渡权利，组成政治权力或政治统治权。这种理论着力解决的问题就是政治权力的归属问题或政治权力的合法化与正当性问题，涉及如何获得、如何运用、如何巩固政治权力，以实现权力的正当行使的问题。

福柯否定这种把权力视作君主、国家、政府等政治主体的固有力量，认为权力就是通过对社会成员进行领导、指挥、支配、控制、管理、约束或镇压的手段与形式，以实现所有人或特定人群利益的宏观权力观。他看到这种宏观权力论最根本的问题在于，权力总是被当成被某种力量所掌控的、以某种力量为代表的政治权力，权力总是围绕着"君主"，总是等同于合法的或受到质疑的政治权力，"在政治思想与分析中，人们一直没有砍去国王的脑袋，因此，

第一章
微观的视域

在权力理论中,人们还是认为有关法律与暴力、合法与非法、意志与自由、国家与君权(即使主权不再作为君主个人所有,而是作为一种集体的存在受到质疑)的问题是重要的"[1]。

把权力与国家以及与之相联系的宪法、法律、军队、警察等国家机器联系起来,会把复杂的权力问题简单化,"如果我们在看待权力的时候,仅仅把它同法律和宪法,或者是国家和国家机器联系起来,那就一定会把权力的问题贫困化。权力与法律和国家机器非常不一样,也比后者更复杂、更稠密、更具有渗透性"[2]。权力是复杂的,国家只是权力的一种表现形式,将研究的方向只对准国家权力、政治权力,关注它的法律和司法意蕴,它的意识形态论证,它是否代表人们的意志,它与公民的恰当关系,它是否合理地在一定限度内实施,不可能捕捉到权力的全部内容,不可能触及权力的深层次问题。

权力理论必须"砍去国王的脑袋",必须从"君权"中摆脱出来,"我们所需要的,是一种政治哲学,该政治哲学不是围绕君权,不是围绕法律,不是围绕权利剥夺来构造的;应该砍去国王的脑袋,但人们在政治学说中尚未这样做"[3]。福柯力求建立不再以法律为模型和法则的权力分析,他要从广度和深度上把握权力。就广

---

[1] [法]福柯:《性经验史》,佘碧平译,上海人民出版社2005年版,第58页。

[2] [法]福柯:《权力的眼睛——福柯访谈录》,严锋译,上海人民出版社1997年版,第161页。

[3] [法]福柯:《福柯集》,杜小真编,上海远东出版社1998年版,第438页。

度而言，就是看到国家之外的各种各样的权力，不从某一中心点、唯一的最高权力中心去看权力，就深度而言，要摆脱权力的法律性、意识形态性以及能被占有的商品性，把权力看成运作中的、被行使的，研究权力的战略、战术、计谋、策略、技术、技艺。这就为探讨发散于社会所有领域及至个人肉体与灵魂之中的规训权力、生命权力提供了方法论前提。

  从权力哲学深度发展的角度看，我们当然可以去反思福柯所批判的"宏观权力论"，将权力等同为政治权力，只是从国家的、政治的、宏观的视野研究权力，确实有简单化、固定化的问题，把权力研究深入社会的细微处、深入人的内心乃至于人性中，确实也有利于扩展权力的问题域，捕捉权力的运行机制。但从我们面对的现实生活来看，无论是马克思主义的还是自由主义的权力理论，都有其合理的成分，都有其分析问题的现实性，不可能完全被否定。政治权力与经济利益有着千丝万缕的关系，如果忽视经济利益以及人的其他方面利益，讲权力就是空洞的。经济上的优越往往伴随权力关系上的强势地位，权力也总是承担着经济的功能，这一点，只要看看权力与资本在当今时代所扮演的角色，就可以得到验证。而且，权力确实是以实体性的形式存在的，特定人群拥有权力或特权，有些人基本的权利都被剥夺，这样的现实问题也是不能忽视的。瞄准政治权力，制约政治权力滥用，用法律规制权力的恶，仍然是没有完成的历史课题。

二 微观分析法

与宏观权力论相对应，福柯推崇的是对权力的微观分析，这是他权力理论的独到之处。福柯曾指出，"对微观权力的分析不是一个范围问题，不是区间问题，它是一个观点问题"[①]。微观权力论强调的是将眼光从高高在上的政治权力中挪开，观察微观层面上的在人们的日常生活、人际关系乃至内心世界中的权力，看到隐藏得更深的权力，观察到权力的更多细节，看到难以发觉的、悄然运作的权力现象、权力的技术、权力运行方法。根据福柯的相关论述，权力微观分析法坚持的原则包括：

第一，不把权力理解为实体或财产，而把权力理解为关系。权力不是物质、流体，不是能被赠予、交换和补偿的某种实体性的存在，它本身就是一种力量关系，不平衡的、不稳定的、紧张的力量关系。"权力从未确定位置，它从不在某些人手中，从不像财产或财富那样被据为己有。权力运转着。权力以网络的形式运作，在这个网上，个人不仅在流动，而且他们总是既处于服从的地位又同时运用权力。"[②] 每一个个体都不能固定地拥有权力，而只能在行动中运用它，权力的主体是变化的，权力的对象也是变化的。

第二，不从权力的内部，而是从权力的外部把握它。不要试图

---

① ［法］福柯：《生命政治的诞生》，莫伟民、赵伟译，上海人民出版社2011年版，第166页。

② ［法］福柯：《必须保卫社会》，钱翰译，上海人民出版社2010年版，第21—22页。

去寻找谁拥有权力，谁被剥夺了权力。不能将人区分为拥有权力的主体和服从权力的客体，不能从研究谁拥有权力、拥有权力的人的意图和行动即权力的内部层面来研究权力。这是"走不出的迷宫"，行之有效的方法是研究实际运作中的权力，不对权力主体的灵魂和意图提问，而是提问权力实施的外围的多样的个人，关注人如何被建构为权力的客体，理解权力怎样从人的肉体、力量、能量、物质、欲望、思想等多样性中逐渐地建构起来。

第三，不从权力的中心把握权力，而从权力运转的边缘去把握它。在权力的中心，往往有着法律的媒介，由法律为权力确定合法性，使权力显得冠冕堂皇，但权力的本质往往就被遮蔽了。权力存在于细微处，只有在权力的"毛细血管处"，权力才会充分暴露出其特点并具体化，观察权力在这些局部的、地区的具体化的过程，才能最终认识它。

第四，不囿于分析权力的意识形态，而应具体到权力的技术和策略。庞大的权力机器不可避免地会伴随着意识形态的生产，但在权力网络的细枝末节，形成的、依靠的则不可能是意识形态，在这里，权力更多的是依靠一些具体的知识和实际的工具，如观察的方法、记录的技术、研究的程序等。"与其把对权力的研究指向统治权的法律建筑方面和国家机器方面以及伴随它的意识形态方面，不如把对权力的分析引向统治方面（不是统治权）、实际的操作者方面、奴役的形态方面、这种奴役的局部系统的兼并和使用方面以及

第一章
微观的视域

最终知识的装置方面。"①

第五，不把权力理解为统治整体的单质现象，而将其认定为存在于社会内部的复杂多样的奴役。权力是拥有策略、技术、手段的运动体，它在运动中构筑关系的网络，建构整体的统治。权力关系不是固定的一部分人对另一部分人的支配，每个人既是权力的主体又是权力的客体，权力通过个人来运行并产生作用，但又不从属于个人，个人只是权力网络运行的一个节点而已。

第六，不从权力的中心做向下延伸的推演，而是从它细末的机制作上升的分析。权力的源泉不在于国家，国家只是权力的终极形式，它有各种"底层"权力的滋润，正是这些底层权力造就了国家权力。"在社会身体的每一个点之间，在男人和女人之间，在家庭的成员之间，在老师和学生之间，在有知识和无知识的人之间，存在着各种权力关系，它们不仅仅纯粹是巨大的统治权力对个人的投射；它们是具体的、不断变化的、统治权力赖以扎根的土壤，它们使得统治权力的发挥功能成为可能。"② 正是这些无所不在的权力成就了统治权力的基础，正确的方法因此是对权力作上升的分析，认识到底层复数权力的异质性，探微其技术和程序。

坚持微观权力的分析方法，就会发现传统政治哲学没有关注到的权力，会发现权力无所不在，它不是凌驾于社会之上，它就在社会之中。权力深深地植根于社会关系中，并不是外在于其他形式的

---

① [法]福柯：《必须保卫社会》，钱翰译，上海人民出版社2010年版，第25页。
② [法]福柯：《权力的眼睛——福柯访谈录》，严锋译，上海人民出版社1997年版，第176页。

关系比如经济关系、认识关系、性关系，它本身内在于这些关系之中，一切关系都是权力关系。它不仅仅存在于暴力、镇压、革命、战争、监狱、皇冠、刑场、绞刑架之中，而且存在于人们的目光注视、恋爱婚姻、闲言碎语、病情咨询、专业活动之中，人的一切活动都是权力的活动。权力无所不在，在每一时刻、一切地点，在相互关系中都会生产出来，人类社会就是一个权力的网络，它是社会的本质要素。对福柯来说，一切都是权力的，权力造就一切，这难免陷入权力的泛化论、权力的本体论之中，难免让人觉得不可接受。这是不是一种不切实际的假想，一种无视现实的哗众取宠？

伟大的哲学家喜欢把问题往绝对的方向去说，这样才容易赢得人们对问题的重视。如果我们计较于事实的反驳，就会错失其中的深意。福柯想要提醒的就是，不要认为人们已经摆脱了权力的支配，而要看到权力从统治中心走向社会细枝末节，从固定静止走向往返运动，从内在于人走向外部空间，从意识形态走向技术策略，从单一控制走向多元奴役。这个权力已经走向日常生活，它无处不在，四处发散，把人编织进权力的牢笼之中。权力只是不再像高高在上的政治权力那样，采用镇压、恐怖、控制、震慑等方式，它采用了新的方式、新的技术、新的手段，它让人们更容易接受，让自己巧妙地贯穿于一切人的活动和关系中。

福柯揭示的现代社会的悖论是，权力的合法化、正当化让社会越来越公平，让人越来越自由，实际上，权力只不过是利用了个人的主体地位、个人的独立自由，以保证更好施展、更好运转，"个人是权力的一种结果，而同时，在它是权力的结果的意义上，有这

第一章
微观的视域

样的传递作用：权力通过它建构的个人而通行"①。权力让每个人意识到自己的主体性，让每个人都拥有权力，实际上就宣告了每个人注定不能占有权力，一切个人或机构只不过是网络中的节点，即使统治阶层、控制国家机构的集团，手握重要经济决策大权的人都不能控制权力网络。权力把人拉到各种力量关系交织的、多形态的、流动性的场之中，在不同的人之间实施的主动与被动、实施与受控的行动中编织成了一张宏观的网络，每个人在既体验到权力的支配但又同时实行着权力的时候，在"一个永远处于紧张状态的活动之中的关系网络"中丧失了自由的主体地位。

福柯的微观权力论从一开始就具有批判的特质，只是它批判的对象是早已飞入日常生活和人际关系中的微观权力，他要人们看到有了合法性与正当性的权力在社会细微处的运作机制，看到它采用的新技术策略，新的工具手段，他让人们不要过于乐观地看待人的自由和主体地位，要意识到人类社会的政治进程还有很多的事情要做，还有很长的路要走。福柯的微观权力论确实提供了一个视角，一个独特的视角，丰富了权力理论，但不能因此用它去替代宏观权力论，微观权力论与宏观权力论结合起来，才能形成系统的、全面的权力理论，才能保证我们既时刻审视以国家、政府、政党为主体的政治权力，又批判反思在人们的日常生活、社会关系、内心世界中的权力因素。

---

① ［法］福柯：《必须保卫社会》，钱翰译，上海人民出版社2010年版，第22页。

三 权力的装置

权力如何走向社会的角角落落？在一次访谈中，福柯谈到了权力依靠"装置"(dispositive)的观点。在他看来，装置是一种集合体，是由话语、制度、建筑形式、规范性的决策、法律、行政措施、科学陈述、哲学、道德和慈善事业等要素所建立起来的体系，它有具有支配性影响的战略目标，有"功能性的多元决定"的过程，每一种要素彼此发出回应或发生矛盾，作为异质要素不断地被重新调整和重新配置。概言之，权力运作所利用的要素是多种多样的，它利用不同的装备和武器来实现自己的目标。经过福柯的分析，我们会发现知识、真理、科学、话语、法律等都是权力的谱系，都渗透着权力的气息。

权力与知识。福柯力图抛弃知识是有利于权力还是有害于权力的思考模式，或论证知识只要是知识，就是权力的附庸，或论证只有独立于权力的知识，才是真正的知识，福柯强调的是知识就是权力，不能人为地区分哪种知识是有助于权力的，哪种知识是反抗权力的。"我们也应该完全抛弃那种传统的想象，即只有在权力关系暂不发生作用的地方知识才能存在，只有在命令、要求和利益之外知识才能发展。或许我们应该抛弃那种信念，即权力使人疯狂，因此弃绝权力乃是获得知识的条件之一。相反，我们应该承认，权力制造知识（而且，不仅仅是因为知识为权力服务，权力才鼓励知识，也不仅仅是因为知识有用，权力才使用知识）；权力和知识是直接相互连带的；不相应地建构一种知识领域就不可能有权力关

第一章
微观的视域

系，不同时预设和建构权力关系就不会有任何知识。"[1] 关于权力和知识的关系，福柯的观点无疑具有颠覆性，他说明的是权力本身是不可能离开知识而存在，知识也不可能脱离权力而独立地存在。权力关系中有知识，知识建构中有权力，权力就藏匿在知识的内部，权力通过知识来实施，两者是不可区分的。知识本身就是权力的载体，知识领域就是权力领域，福柯把知识置于如此的地位，无疑是对知识中立性、客观性、确定性的全面怀疑，其价值在于让人保持对知识的审视，谨防知识名义上保持客观而实质上则与权力结盟，彼此构成对方合法化的基础，成为蒙蔽和奴役的工具。

权力与真理。对所谓客观性知识的否认，不代表福柯不相信真理的存在。福柯相信真理，只是相信有多种多样的真理，有多元的真理表达形式，因为权力依靠真理来实施，它生产和流通以真理为功能的话语，以此来维持自身的运转。这并不是说，权力总是依靠探索到的真理来实施，而是说权力总是打着真理的名义，而无论它是否真的是真理。没有真理话语，就不能行使权力。权力运行需要生产真理，复杂的权力关系在没有真理话语的生产、积累、流通和运转的情况下无法建立和运转。在福柯看来，真理的生产只是一种游戏，社会存在着"一条制造真理的规则"。他详细描述了真理的表现形式、真理产生的政治制度根源、真理广泛流通的方式、真理传输的监督、真理的意识形态本质等各个方面："真理以科学话语的形式和生产该话语的制度为中心；它受到经济和政治的不断激励

---

[1] [法]福柯：《规训与惩罚》，刘北成、杨远婴译，生活·读书·新知三联书店 2003 年版，第 29 页。

（经济生产和政治权力对真理的需求）；它以各种形式成为广泛传播和消费的对象（它流通于社会肌体中相对广泛的教育或新闻机构）；它是在某些巨大的政治和经济机器（大学、军队、新闻媒体）的非他的、但居于主导地位的监督之下生产和传输的；最后，它是整个政治斗争和社会对抗的中心（意识形态斗争）的赌注。"① 真理的生产、流通的整个过程无不受权力的幕后控制与指使，并被用来作为捍卫权力的机器。在福柯的眼中，真理与认识论、知识论没有多少关系，真理问题纯粹是政治哲学的问题，这种理解提供了一套反思真理的思路，但也把我们很多人的真理观给完全颠覆了。

权力与科学。与知识、真理一样，科学与权力的实施也密不可分，它是伴随着权力的机制一道产生的。一方面，任何权力的技术都依赖于不同的科学。福柯在他的一些著作中向我们揭示了权力如何把政治经济学、统计学、医学、精神病学等所谓的科学生产出来。另一方面，任何科学都力求彰显出权力。作为理性知识典范的科学，逐渐被制度化为权力，知识的科学化就是权力的集中化。"科学同样也施行权力，这种权力迫使你说某些话，如果你不想被人称为持有谬见，甚至被人认作骗子的话。科学之被制度化为权力，是通过大学制度，通过实验室、科学试验这类抑制性的设施。"② 福柯发现，当所谓的专家、学者把自己的知识说成科学时，并不是持之以恒地论证其理论体系、结构的合理性，而是力图确定

---

① [法] 福柯：《福柯集》，杜小真编，上海远东出版社1998年版，第446页。

② [法] 福柯：《权力的眼睛——福柯访谈录》，严锋译，上海人民出版社1997年版，第32页。

第一章
微观的视域

自己的地位,他曾谈到过之所以拒绝把马克思主义看作科学的原因:"当我看到你们努力确认马克思主义是一种科学时,说真的,我没有看出你们一劳永逸地表明马克思主义有一个理性结构从而其命题揭示了验证的程序。我看到你们首先做另外的事,你们首先把自己与马克思主义联系起来,你们先把自己归类于那些掌握这种话语和权力的人,并把这种话语和权力保留给掌握科学话语的人。"[1]科学本身不与真理、客观联系,而与权力并行,科学借助于众多"抑制性的设施"行使着权力的职能,它在特定领域中树立权威,排除异己、压制差异,在所谓的程序、步骤、逻辑、论证中行权力之能事。这是福柯对科学的批判。

权力与话语。话语作为语言的个体行为,也是"一种可怕的权力控制的工具"。福柯对话语的"权力性"进行了深入的研究。在他看来,话语可以理解为行动中的语言,也可以理解为人类科学的知识体系,但话语归根结底是事件,它支撑着权力的运行,权力则控制着话语的生产。一方面,话语是权力的产物,是权力一手操纵的结果。在每一个社会中,话语的生产是根据一定数量的程序而被控制、选择、组织和再分配的。这些程序的功能就在于消除话语的力量和危险,处理偶然事件,避开它沉重而恐怖的物质性。另一个方面,话语又是权力的组成部分,权力的实施通过话语来实现。各种话语必然隶属于特定的领域,比如教育、政治、科学、体育等,每个领域都必须利用话语,来制定自己的规则、程序,规范人们的

---

[1] [法]福柯:《必须保卫社会》,钱翰译,上海人民出版社2010年版,第8页。

行为和语言，制造出等级制度，维护权力的正常运行。福柯曾以历史话语为例，指出话语与"权力仪式长期联姻"，它的传统功能就是讲述权力的权利，构筑权力的合法化、正当化。"历史，就是权力的话语，义务的话语，通过它，权力使人服从；它还是光辉的话语，通过它，权力蛊惑人，使人恐惧和固化。"① 在历史话语下，权力通过义务、宣誓、契约、法律来表现，它呈现出"神奇的功能、角色和效力"，承担了造福人类、拯救苦难的使命。

权力与法律。在福柯的著作中，法律扮演的角色不仅是次要的，而是还是反面的。福柯对法律保持着足够的警惕，不把法律看作社会公正的标志，而是看作权力、统治、奴役正当化、合法化的工具。他的观点就是，法律不是对权力的限制，自从产生以来就充当"确定权力的合法性"的角色，它依靠一整套的法律条文、工具、制度、规则，或确立统治权的合法权利，或告诫臣民服从的法律义务，辅助权力实现了统治的合法化、正当化。它总是被作为论证整体的统治的权力的归属，满足的是一个人统治其他人，一个集团统治另一个集团，而其背后的实质则是在社会实体内部发生的复杂多样的奴役。在福柯的眼里，法律与真理、科学是一套综合体，共同服务于权力的统治，"我们被权力强迫着生产真理，权力为了运转而需要这种真理；我们必须说出真理，我们被迫、被罚去承认真理或寻找真理。权力不停地问，向我们提问；它不停地调查、记录；它使对真理的研究制度化、职业化，并给予报酬。我们必须生

---

① ［法］福柯：《必须保卫社会》，钱翰译，上海人民出版社 2010 年版，第 50 页。

第一章
微观的视域

产真理,如果我们无论如何也要生产财富,为了权力生产财富,我们必须生产真理。从另一个方面讲,我们同样服从真理,在这个意义上,真理制定法律;至少在某一个方面,是真理话语起决定作用;它自身传播、推动权力的效力。总之,根据拥有权力的特殊效力的真理话语,我们被判决,被罚,被归类,被迫使去完成某些任务,把自己献给某种生活方式或某种死亡方式。这样就有:法律规则、权力机制、真理效力。或者:权力的规则和真理话语的效力"①。社会屈服于权力来生产真理,真理出现以后,便推动着权力制定法律,法律接着充当传播权力效力的角色,最后依据法律,人们被判决、被罚、被归类、被迫完成某些任务,法律规则、权力机制、真理效力的完美结合最终得以实现。

知识就是权力,真理就是权力,科学就是权力,话语就是权力,法律就是权力,一切都是权力的工具,一起都是政治的武器。权力正是借助于知识、真理、科学、话语、法律(可以更多,包括理性、技术、媒介、经验等),形成了完整的谱系和牢固的装置,走进了人们日常生活的角角落落,走向了人们的思想和灵魂深处,让人无法防备,无法抵抗。通过福柯对权力的装置的分析,我们得到的结论就是,西方资本主义社会的发展并不是朝向没有奴役、只有自由的方向发展,现代国家各项措施的完善和各种制度的建立,并不能掩饰"必要的恶"的国家权力机构的压迫、奴役、控制本质,它们只是美化了权力的面貌,掩盖了权力的运行。

---

① [法]福柯:《必须保卫社会》,钱翰译,上海人民出版社 2010 年版,第 18 页。

权力不再公开地实施，不再粗暴地直接干涉人们的生活，它运用了多种隐蔽的手段，让人在知识、真理、科学、理性、法律的指引下，不得不接受它。而知识、真理、科学、理性、法律等，这些恰恰是现代性所承诺的具体内容，福柯借助于权力装置的分析，实际上将它们进行了批判，从而也就是对现代性进行了批判。但也正是这个观点，让福柯的权力研究进入无解的悖论中，既然一切都是权力，一切都是权力的谱系，那么这是否意味着我们只能通过反知识、反真理、反科学、反理性、反法律来对抗权力？如果不是的话，现代社会该以何种方式反抗权力、放逐权力？既然权力已经渗透到人类社会的各个领域，我们凭什么认为通过写作、通过披露还能抵制权力的侵袭？这是福柯留下的难题，这是哲学家所描绘的悲观世界。

第二章

统治的本性

理解福柯的生命权力，要将其放置在权力技术演变的历史进程中。"统治权力"被其认为是长期占据主导地位的权力形式，直到18世纪才让位于规训权力和生命权力。福柯虽然没有专门分析统治权力，但统治权力一直隐含地或被预设地出现在探讨规训权力与生命权力的文本中，因而我们不能忽视福柯的统治权力理论的价值。统治权力的形态足可以如此勾勒出来：它是以君主权力、国家权力为代表的，以法律和惩罚为主要技术，作用于作为法律主体和权利主体的臣民、公民的政治权力。对其进行分析，有助于重新思考传统政治哲学的权力理论，有助于理性反思政治权力的当代实践。

一　合法的统治

统治权力是福柯定位的宏观权力理论研究的核心概念，它有两种表现形式，一种是专制政体下的君主权力（君权、王权），一种是现代意义上的国家权力（主权）。统治权力总是有特定的代表，特定的组织形式，在某种政治力量上体现出来，要么被君主、国王所拥有，要么由国家机构所行使。福柯没有区分专制政体下的君主权力和现代民主意义上的国家权力，而是将它们统一归为"统治权力"的范畴，很重要的是因为福柯不是从意识形态的层面，不是从更合法、更民主的层面来看待现代的国家权力与传统的君主权力，他甚至不相信现代意义上的民主国家就比专制国家民主的程度更高。福柯曾直言，我们是不可以把我们的社会叫民主的社会的，"如果我们理解的民主是指全体人民没有等级之分，没有层次之分，可以有效地行使权力，那么很清楚，我们离民主还远得很。很明显，我们生活在独裁的统治中，在权力阶级的统治下，这个阶级靠暴力来贯彻自己的意志，甚至这种暴力的工具已经制度化和宪法化。到了这种程度，我们没有任何民主可言"[1]。福柯从权力技术的角度区分权力的形态，君主权力和国家权力两者都有高高在上的权力的拥有者，都瞄准同样的对象，采取同样形式的工具、方法、策略。把民主看作为一种权力的技术，不相信现代民主给人类社会

---

[1] [美] 乔姆斯基、[法] 米歇尔·福柯：《乔姆斯基、福柯论辩录》，刘玉红译，漓江出版社2012年版，第57—58页。

第二章
统治的本性

政治发展带来的实质性改变，应该说是历史悲观论的表现。

统治权力的作用对象是在一国领土或一定范围内的所有人，这种地理空间中的每个人都被认为是臣民或者公民的构成部分，是享有自然权利、法律权利的政治主体。统治权力因此就是针对臣民或公民的权力，它依靠这种臣民或公民来统治。福柯想说的是，统治权力只是承认了臣民或公民的权利主体地位，并不是说明臣民或公民真的就享有这种权利。实际上，臣民或公民是必须让渡自己权利的人，是承认或者认同统治权力的人，是在权力关系中被奴役的臣民或守法的公民。统治权力之所以承认人的权利主体地位，只是因为他让渡权利给了统治权力，是因为他服从、认同和支持统治权力。没有让渡、没有服从，也就不可能是法律主体。统治权力利用了这个逻辑，假设了从主体到臣民的循环，带来的局面是，一边是有法律保障的权利，一边则是被驯服的臣民或守法的公民。可以说，拥有权利的、服从的臣民或公民，正是统治权力得以运行的必要要素。

统治权力对臣民、公民使用的方式是"统治"，而对统治而言，合法非常重要。所以，统治权力总是用法律（包括自然法、神法、人法等等）来证明自己的合法性和正当性，总是把法律作为统治的核心技术和主要工具。福柯专门提到，他讲的法律并不仅仅是法律条文，而更多是用以执行法律的工具、制度和规则的整体。法律并不是限制、约束权力的规范，它只是从形式上划定权力的界限。虽然法律会把绝对的君主权力判定为非法，宣布它的独裁、滥用、反复无常、刚愎自用等，但总体而言，统治权力是作为法律体系被建立起来的，是通过各种法律理论来反思自身的，并通过法律的形式启动自己的权力制约。法律只是满足"国王"要求的法律。"正是应王权的要求，为了它的利益，作为它的工具或为它辩护，建立起了我们社会的法律大厦。西方社会的法律是满足国王要求的法律。"[1]整个西方法律建筑的中心是君权或国家权力，关于它的可能界限，给其提供规则和界限，让它更好地运转。

统治权力通过法律获得合法性，又运用法律来统治，依靠法律来运作。这种权力的合法性实际上比一切法律要根本，是所有法律的总的法律，它可以宣告根据法律来实施，也可以通过宣告法律无效来运行。统治权力可以不根据法律甚至终止法律也会取得合法性，比如它可以宣布例外状态、紧急状态而废除某项法律。所以对统治权力来说，是否合法显得不再重要，重要的是它必须获得臣民或公民的服从。法律只是工具，服从才是目的，统治权力利用法律来使人服从。法律最终要确定的是统治权力的合法权利，以及臣民或公民服从的法律义务。统治权力最终成为臣民或公民能够感受到的高高在上的权力，必须服从的权力。

但在合法的统治权力下面，掩盖的是统治关系，是奴役关系，是对臣民或公民的剥夺。所以，福柯主张，认识法律，不应当从某种需要确定的合法性角度出发，而应从它所支持的统治权力实施的奴役程序出发，看到法律是多种形态的统治关系和奴役技术的永久媒介。不能只看到合法的统治权力，而更应该看到法律模式包装的统治权力遮蔽的统治和奴役关系，最重要的是，不是研究统治权力

---

[1] [法]福柯：《必须保卫社会》，钱翰译，上海人民出版社2010年版，第19页。

第二章
统治的本性

的运行是否合法，不是去追问臣民或公民怎样、为什么和以什么权利的名义来接受统治权力，而是从统治权力的技术和战术出发进行研究，指出它如何利用技术工具制造出臣民或公民。实际上，法律充当了统治权力合法性的工具，充当了统治权力奴役臣民或公民的工具，这是福柯的法律批判。

在福柯的整个权力理论中，法律一直被看作为次要的要素，被看作为权力的工具，而且是低端的工具，是随着权力技术的日益精细而被置于次要地位的工具。如此从权力的技术而不是从制约权力的手段看待法律，凸显出福柯对现代性实践的反思，对现代社会打着合法名义进行权力统治的不满。但福柯的困境是，在法治越来越被认定为约束权力，被认定为社会公平标志的现代社会，人们已经很难想象没有法律的社会秩序，没有法律为保障的公平正义。难题并不在于批判法律的权力工具性，而在于真正能够确立有效制约权力、维系社会公平的良法善法。以批判和解构见长的理论往往容易陷入这种困境中，解构有力，发人深思，建构无力，让人看不清前方的路。

二 惩罚的方式

统治权力把法律作为它的工具，把合法或守法、把可以或禁止作为它的主要手段，臣民或公民一旦违反法律，它就会采取惩罚的方式。与合法的统治相伴随的因此是残酷的或者温和的惩罚。在

《规训与惩罚》① 一书中，福柯重点分析了惩罚的权力技术，把它看作能够凸显君权（统治权力）的仪式。我们可以认定统治权力的主要技术应该是两个，一个是法律，一个就是惩罚，惩罚是法律技术的补充，统治权力运用法律来统治，违反法律，自然要受到惩罚。

统治权力最初把酷刑、公开处决看作有效的技术和手段，用震慑性的、恐怖性的方式彰显自己的权威性，让臣民或公民感受到自己的不可侵犯。在统治权力的逻辑中，犯罪除了被认为是侵犯了直接受害者之外，还被认为冒犯了君主，它违背了法律，也就污蔑了君权。"在任何违法行为中都包含着一种'大逆罪'（crimen majestatis），任何一个轻罪犯人都是一个潜在的弑君者。而弑君者是彻头彻尾的罪犯，因为他不像其他违法者那样，只是冒犯君权的某个特殊决定或意愿，而是冒犯君主的原则和君主本人。"② 因为法律体现了君主的意志，法律的效力体现了君主权力的力量。破坏法律就是触犯君主，就是对君权的反叛，使君主权力受到伤害。公开处决因此就意味着被伤害的君权的重建，它要展现君权最壮观的情景，表现出统治权力的失而复得。这种恐怖的惩罚仪式，强调的是

---

① 《规则与惩罚》是福柯系统研究惩罚方式转变以及监狱出现过程的著作，也是他系统论述权力技术转变的著作。福柯把惩罚看作一种权力技术、一种政治策略，认为每一种权力类型都有相关的惩罚技术以及相应的知识支撑，他通过对惩罚方式以及具体而言的监狱的历史的分析，揭示了权力技术从依靠法律到依靠纪律或规范、从惩罚向规训的转变，实际上揭示了权力从统治权力向规训权力的转变。

② ［法］福柯：《规训与惩罚》，刘北成、杨远婴译，生活·读书·新知三联书店2003年版，第58页。

第二章

统治的本性

权力及其固有的优势,是君权相对于反对者的力量的优势,是要用罪犯的肉体来使所有的人意识到君主的无限存在。"公开处决并不是重建正义,而是重振权力。"① 它因此不仅仅是司法仪式、司法行为,它还是政治仪式,展示统治权力威严的仪式,表现君权胜利的仪式。

在福柯看来,再残酷的刑罚都不表明权力本身是失去控制的、任意妄为的。因为酷刑的实施有法律规定,总是有一套符合法律的规则,以一整套制造痛苦的量化艺术为基础。"'司法酷刑'这个词并不涵盖一切肉体惩罚。它是一种有差别的痛苦制造方式,一种标明受刑者和体现惩罚权力的有组织的仪式。它并不表明法律体系怒不可遏、忘乎所以、失去控制。在'过分的'酷刑中,包含着一整套的权力经济学。"② 惩罚的技术严格来说不是以法律为依据的,而是以能否有利于彰显统治权力的威严为依据的。统治权力享有超越法律之上的权力,它为了展示自己的威力,可以依法对违法者实施报复,也可以宣布惩罚终止,法律无效。君主权力是至高无上的权力,它虽然授权法庭行使主持正义的权力,但并没有转让这种权力,它仍完整地保持着这种权力,可以任意撤销判决或加重判决。

统治权力利用酷刑来表征自己,会越来越使自己暴露出野蛮、专横、暴虐、报复心以及用惩罚取乐的残忍,给权力的巩固起到相反作用。臣民或公民越来越感受到不受限制的合法暴力的威胁,越来越无法容忍这种杀鸡儆猴般的权力运作,"这种惩罚方式,其野

---

① [法]福柯:《规训与惩罚》,刘北成、杨远婴译,生活·读书·新知三联书店2003年版,第53页。
② 同上书,第38页。

蛮程度不亚于，甚至超过犯罪本身，它使观众习惯于本来想让他们厌恶的暴行。它经常地向他们展示犯罪，使刽子手变得像罪犯，使法官变得像谋杀犯，从而在最后一刻调换了各种角色，使受刑的罪犯变成怜悯或赞颂的对象"[1]。臣民或公民不再支持权力的惩罚，而是越来越厌恶，他们没有亲眼看见罪犯罪行的残忍，却亲眼见证了比罪犯的残忍更残忍的惩罚权力，他们从野蛮的惩罚中看到了无限制的、个人的、无规则的和没有连续性的权力运作，看到了司法特权，司法的专横、傲慢以及不受控制，因此对权力的合法性和权威性产生了质疑。结果是臣民开始经常性地从事非法活动，开辟一个不遵从统治权力法则的权力场，非法活动变成权力的对应伴生物，君主的至上权力总是和"地下权力"（infrapower）并存。

统治权力必须改变自己的惩罚技术，确定新的策略、新的方法，使惩罚更适应对象，更有效果，更有效率，使惩罚技术更规范、更精巧，更具有普遍性，从而减少惩罚的经济和政治代价。通过分析18世纪的司法改革及其实践，福柯看到了统治权力在惩罚技术方面的变化，它把惩罚的温和方式确定为新的方向，惩罚不再是置人于死地，让人去痛苦，惩罚不再需要戏剧性的公开的酷刑，不再力图通过残酷、暴力的手段使人畏惧，使人服从，它有了新的目标，"使对非法活动的惩罚和镇压变成一种有规则的功能，与社会同步发展；不是要惩罚得更少些，而是要惩罚得更有效些；或许应减轻惩罚的严酷性，但目的在于使惩罚更具有普遍性和必要性；使惩罚权力更深地嵌入社

---

[1] [法]福柯：《规训与惩罚》，刘北成、杨远婴译，生活·读书·新知三联书店2003年版，第9页。

第二章
统治的本性

会本身"①。新的惩罚权力正常运作了，它在表面上与君主权力无关，仅仅成为司法领域的事情，它强调不能任意，要用确定无疑的符号或标准来对待罪行和使用惩罚的手段，让每一个人意识到惩罚不仅是理所当然，而且还符合所有人的利益。新的惩罚权力的目的也不再是使人死亡，而是为了使犯罪的人重新成为权利主体、法律主体，是为了让这些人改邪归正，而不是不给他们改过自新的机会。

统治权力刑罚的严峻性不断减弱，开始追求更少的残忍，更少的痛苦，更多的仁爱，更多的尊重，更多的"人道"。惩罚开始以"人道"作为"尺度"，尊重人，重新认识人，权力与人为善了，不再为了"杀"人，而是为了"救"人。在我们看来，这确实是权力的进步，是历史的进步，是人类社会越来越走向文明的重要一步。但福柯强调的是，"改革运动的真正目标，即使是在最一般的表述中，与其说是确立一种以更公正的原则为基础的新惩罚权力，不如说是建立一种新的惩罚权力'结构'，使权力分布得更加合理，既不过分集中于若干有特权的点上，又不要过分地分散成相互对立的机构。权力应该分布在能够在任何地方运作的性质相同的电路中，以连贯的方式，直至作用于社会体的最小粒子。刑罚的改革应该被读解为一种重新安排惩罚权力的策略，其原则是使之产生更稳定、更有效、更持久、更具体的效果"②。

也就是说，惩罚从残酷到宽松，这是权力技术演变的结果，惩

---

① [法]福柯：《规训与惩罚》，刘北成、杨远婴译，生活·读书·新知三联书店2003年版，第91页。
② 同上书，第89页。

罚的宽松不是人道主义的进步，人道只是权力技术转变的表现，惩罚依然是统治权力的技术，只不过已经从君权的残酷转变为现代权力的温和了，只是惩罚的程度发生了变化，惩罚的效果发生了改变，惩罚本身没有改变。统治权力离不开惩罚，甚至权力也离不开惩罚，惩罚已经深深地嵌入法律实践中。惩罚成为最隐秘的部分，不再以它的强烈程度或野蛮程度来实现效力，而是以必然性、确定性或者通过合法、合理、合适的名义来获得了认可，被很容易地接受了。冷眼看政治的进步，冷眼看权力的转变，这是福柯坚持的基本逻辑。对人类社会发展的任何转变都保持警惕，进行批判性地反思，不过于乐观地强调所谓的巨大进步，这是必要的。但我们不能走向另一个极端，不能自我假想悲情，坚持历史悲观论，无视任何的进步。

三 死亡的沿袭

依靠法律和惩罚作为主要技术的统治权力，显示出否定的、禁止的、压抑的特质，从根本上是通过说"不"来表征自己的权威，也正是因为这种特征，福柯把它称为"死亡的权力"，与作为"管理生命的权力"的规训权力、生命权力相对应。在《性经验史》和《必须保卫社会》中，福柯都专门讲到了这种主要以"令人死"为特征的权力。他认为，长期以来最高权力的典型特权之一是"生杀大权"（le droit de vie et mort），它疑似源自古老的"父权"（patria potestas），古罗马家庭的父亲可以任意地、无条件地取走其子女和奴隶的生命，因为正是他给予他的子女和奴隶以生命。只是近

第二章
统治的本性

代以来,"生杀大权"被认为不能是绝对的和无条件的特权,要受保卫君主及其生存的限制。统治权力只能间接地行使,只有当君主的生存受到侵犯时,当国家自身受到威胁时,它才可以让臣民或公民去冒生命的危险,参加保卫国家的战争,当然如果有人违反他的法律而退缩,君主就可以正当地行使直接的权力把他杀掉。

尽管古代形式的"生杀大权"(可以理解成专制的君主权力)与现代形式的"生杀大权"(可以理解成现代的国家权力)有绝对的和相对的之分,但两者的共同点在于它不关心、不负责臣民或公民如何生,而只把臣民或公民的死作为显示自己权威性的要素。统治权力与人的生命发生关系,只是在有能力让别人死时才表现出来,也只有在让人死时,人们才能切实感受到统治权力的存在。统治权力因此就是"让人死或让人活"(de faire mourir ou de laisser vivre)的权力,它只有在行使或保留生杀大权时才会实施放生,并通过有能力让别人死来显示自己对生的作用。"君主的权力只能从君主可以杀人开始才有效果,归根结底,他身上掌握着的生与死的权力的本质实际上是杀人的权力:只有在君主杀人的时候,他才行使对生命的权利。"[1] 比如在一些重大场合中,臣民可以生,也可以死,是生还是死,要有君主权力来决定,君主权力本可以让人死,但最后决定让人活了,因此才与生发生关系。统治权力也接触人的生命,但考虑的因素是让生命消亡还是维系,让人去死才是它的主要功能,让人去活只是陪衬。所以,统治权力不是负责生命的

---

[1] [法]福柯:《必须保卫社会》,钱翰译,上海人民出版社2010年版,第184页。

生命权力，它是"死亡权力"或者说"让人死的权力"。它最重要的功能就是让人去死，以强力夺走人的时间、肉体和生命等一切东西，福柯因此说统治权力的象征物是剑或刀刃，它的存在本身把人民置于一个普遍死亡的危险境地。

必须看到，统治权力只是一种权力的历史形式，应该看到新的权力形式，看到从17世纪开始出现的"管理生命的权力"（ce pouvoir sur la vie），它有两种主要形式，一种就是规训权力，一种就是生命权力。统治权力通过死亡来证明自己权力的能量，管理生命的权力则是通过保障人的生命存在来展示自己的能量，对前者来说主要是让人死的权力，后者则主要是不让人死并且是让人活的权力。福柯说，"让人死或让人活"的古老权力被"让人活和不让人死"（de faire vivre de rejecter dans la mort）的权力取代了。管理生命的权力的出现，说明权力机制发生了深刻变化，权力的主导形式已经不是统治权力了。

权力负担起生命的责任，人的生命成为权力关注的对象，让人活成为权力的目标。权力存在的理由及其运作的逻辑就是管理生命，它不以压制生命为主要形式，它不是阻碍、征服或者摧毁生命，它支配生命而不是消灭它，它的主要作用就是确保、维护、强化、增加生命和理顺生命的秩序。管理生命的权力对人的生命及其全部过程建立了控制机制，它要防止死亡，要尽可能杜绝死亡。因为死亡是生命的界限和避开生命的时刻，死亡意味着逃脱了权力，这是管理生命的权力所不能满意的。所以，管理生命的权力一般不会让人去死，除非罪犯罪大恶极和无法改造，才会采用死刑。福柯认为，死刑仪式的废除就恰恰充分地说明了权力技术的变化，说明了

第二章
统治的本性

管理生命的权力占据了主导地位。

从让人死的统治权力走到以规训权力和生命权力为代表的让人活的管理生命的权力，难道这不是权力最美好的转向吗？不是人类社会文明最伟大的进步吗？如果真是如此，我们就看不到福柯生命权力的批判维度了，就看不到生命权力理论的绝妙之处了。福柯有好多次地提醒我们，管理生命的权力的出现不代表统治权力的消失，它不是代替而是补充了统治权力，不是排除了统治权力的技术，而是包容它，把它纳入进来，保留了它的某些东西。统治权力的技术也是管理生命的权力的一部分，它虽然不再是主导，但它的让人死的特性还在。管理生命的权力不是说不再行使死亡的权力，它也要采取让人死的技术。只不过，在统治权力中，生与死是不对称的，主要的方式是让人死，现在的生命权力则是对称的，为了生就必须死。为了让大多数人生，就必须让少数人死，为了让未来的人们活下去，就必须让现在的一部分人死。这正是生命权力的运作逻辑，它主要是让人活，但又要通过让人死的方式来实现。

管理生命的权力让人死的理由与古老的统治权力是不同的，"假若屠杀是现代权力的梦想，那么这不是古老的杀人权力在今天的回溯。因为权力是在生命、人类、种族和大规模的人口现象的水平上自我定位和运作的"[1]。管理生命的权力进行的屠杀，不是以保卫君主的名义发动，不是以对犯罪进行惩罚的名义，而是以保卫社会的名义，以确保全体人口生存的名义，以让种族更好延续、更

---

[1] ［法］福柯：《性经验史》，佘碧平译，上海人民出版社2005年版，第89页。

加纯洁的名义。生命权力运行所进行的屠杀一定是建立在保护生命的基础之上的，它即使要让人去死也是为了能够生存，为了维系整体人口或大部分人或一部分特殊人群的生命。这种现代意义上的屠杀有更冠冕堂皇、更光明正大的名义，也因此是能使更多人、更大的群体去死的杀戮。这真的是对人类社会历史的辛辣讽刺，是对启蒙运动以来的权力演变、政治进步的深刻反思。

也就是说，统治权力是让人死的权力，规训权力和生命权力是让人活的权力，是管理生命的权力，这并不意味着权力就不再杀戮、不再屠杀，就不再行使死亡的功能。死亡、剥夺、压制、否定是权力的本性，不可能因为生命权力的出现，这些要素就彻底失去。在生命权力运作中，统治权力的那些要素依然存在，死亡并没有真正离开权力。只要是权力，就有让人死的功能。只不过采取得更为巧妙，更为隐蔽。这恰恰是我们在审视现存的政治权力时应该坚持的批判维度。权力永远是必要的恶，它无论采取哪种形式，也没有改变恶的本质，尤其是当它采取非常好听的理由、毋庸置疑的借口时，我们更需要警惕，更需要审视它的内在逻辑。

第三章

身体的规训

福柯的权力分析真正开始于规训权力。规训权力与生命权力同属于管理生命的权力，彼此之间存在着密切的联系，把握规训权力，因此也是理解生命权力的必要前提。不像统治权力把人看成法律主体、权利主体展开法律和惩罚技术，规训权力把人看成肉体的存在，用纪律（discipline）或规范（normation）对人的身体及其行动进行规训，它的出现把人类社会推向规训社会。福柯的规训权力与规训社会理论，对于透视现代权力的技术，反思现代社会的缺陷，有一定的启发性意义。

一 政治的肉体

权力与人的肉体存在密切关系，权力总是把肉体作为自己操控的对象，肉体总是作为权力展现的最佳场所。任何权力都将作用于肉体，只不过采用的方式不同，肉体总是难以逃脱权力的"魔爪"，总是会变成所谓的"政治肉体"，"我们关注的是'政治肉体'（body politic），把它看作是一组物质因素和技术，它们作为武器、中继器、传达路径和支持手段为权力和知识关系服务，而那种权力和知识关系则通过把人的肉体变成认识对象来干预和征服人的肉体"[1]。不能仅仅把肉体看成自然的，天生的，完全属于某个人的，肉体往往是社会的、政治的、被权力征服的。肉体不仅仅属于自然人，它也属于权力和知识，权力和知识总是会干预和征服肉体，使其服务于它们。福柯似乎在说，这是人的肉体的宿命。以权力对肉体的惩罚为例，福柯强调了无论是残酷的还是温和的惩罚，都最终指向对肉体的征服。"在我们今天的社会里，惩罚制度应该置于某种有关肉体的'政治经济'中来考察：尽管它们并不使用粗暴的、血腥的惩罚，尽管它们使用禁闭或教养的'仁厚'方法，但是，最终涉及的总是肉体，即肉体及其力量、它们的可利用性和可驯服性、对它们的安排和征服。"[2]

---

[1] ［法］福柯：《规训与惩罚》，刘北成、杨远婴译，生活·读书·新知三联书店 2003 年版，第 30 页。

[2] 同上书，第 27 页。

第三章
身体的规训

　　权力对肉体惩罚、干预、征服的技术的变化，正表征了不同权力形式的出场。按照福柯的分析，统治权力在18世纪以前对待肉体的方式主要是酷刑。酷刑体现出权力与肉体的最亲密接触，权力赤裸裸地将肉体作为刑罚的主要对象，在其上面留下不可抹去的印记。这种权力对肉体的惩罚堪称一门艺术，一门在身体上制造痛苦的艺术。它视罪行大小有区别地对待肉体，有差别地制造痛苦，针对每一个肉体精细地进行设计，力求将肉体效果的类型、痛苦的性质、强度和时间与罪行的严重程度、罪犯的特点以及犯罪受害者的地位联系起来。对肉体制造的痛苦被精确度量，至少应该能被计算、比较和划分等级，即使剥夺人的生命，也要通过计算痛苦的等级，选择绞刑、火刑、轮刑或肢解，要尽可能把人的生命分割成"上千次的死亡"，不能一击毙命，一次性地剥夺，必须要其经过精细剧烈的肉体痛苦之后逐渐停止生命。只有肉体的痛苦，才能见证统治权力的威严，是其隐含的前提。

　　统治权力如此残酷地对待肉体，因为它相信通过肉体可以找到事情的真相，被拷问的肉体既是施加惩罚的对象，又是获取事实真相的地方。要找到真相，仅仅通过司法机关的调查是不够的，必须要通过被告的肉体、会说话的和必要时受折磨的肉体来获得。其中的逻辑是，肉体在承受酷刑时才会展示真相，只有用肉体考验才能确定真相。如果受刑者有罪，那么使之痛苦就不是不公正的，如果他是无辜的，这种肉体考验则是他解脱的标志。因此，一切惩罚机制的核心其实就是真理—权力关系，对肉体的酷刑之所以在法律实践中根深蒂固，正是因为它有利于揭示真相和显示权力的运作。现代惩罚实践依然如此，只不过形式不同、效果不同。福柯把古往今来一直存在的严刑拷打用如此学术化的语言来表达出来，真是让人觉得妙不可言。

在18世纪，经过人道化惩罚的改革，肉体痛苦不再是刑罚的构成因素，肉体的酷刑停止使用，惩罚越来越有节制，不再直接触碰肉体，不再通过公开处决制造过度痛苦和公开羞辱的仪式运用于肉体，"惩罚从一种制造无法忍受的技术转变为一种暂时剥夺权利的经济机制"①。现代权力从形式上反对把肉体痛苦作为法律惩罚行动的目标，主张可以夺走囚犯的生命、全部权利，但最好不让他有所感觉，不给其造成肉体痛苦。比如说处决只伤害生命而非肉体，不再用精心计算的间歇和连续的伤残，来拖延死亡和加剧死亡的痛苦。重要的是夺走人的生命，而不是在让其忍受肉体的疼痛之后再夺走人的生命。但这不是说不再存在非肉体的惩罚，因为即便是最单纯的监禁也总会造成一定程度的肉体痛苦，权力只是表面上不再直接作用于肉体，实质上依然谋求对它的支配。权力对肉体的摆布不可能完全消失，它可能不直接对付肉体本身，但会把肉体当成工具或媒介，通过监禁、禁闭、强制劳动、苦役、限量供食、剥夺性生活等方式，对肉体进行干预。现代权力技术仍存留着酷刑的痕迹，只是被非肉体的惩罚体系包裹起来。

权力不可能放过肉体，福柯反对那种认为权力已经开始针对人的灵魂、意识、观念的说法，"我们必须把一种广泛流传的观点搁置一边，那种观点认为，在我们资本主义社会中，权力否定了身体

---

① ［法］福柯：《规训与惩罚》，刘北成、杨远婴译，生活·读书·新知三联书店2003年版，第11页。

第三章
身体的规训

的现实状况，而去支持灵魂、意识和幻想。事实上，没有比权力的实施更加物质的、生理的和肉体的了"[1]。福柯很执拗地反对权力是对灵魂的捕捉，他认为灵魂只是媒介，应该将灵魂看作为与某种支配肉体的权力的技术学相关的存在。灵魂虽然不是一种幻觉或意识形态的效应，它确实存在着，有其现实性，但它是由于权力的运作而出现的，并在肉体的周围和内部不断生产出来，"这个灵魂是一种权力解剖学的效应和工具；这个灵魂是肉体的监狱"[2]。灵魂不是一种实体，而是一种因素，只是权力驾驭肉体的一个因素，它体现了某种权力的效应，某种知识的指涉，某种机制。

福柯打破了人有肉体与灵魂的假设，认为肉体本身是实在的存在，灵魂则是权力技术不断发展而被生产出来的，是权力为了更好地支配肉体而创造的"现实"。它之所以成为历史的现实，正是因为权力瞄准了被监视、训练和矫正的有肉体的存在的人，为了对付肉体存在的现代人，权力创造出灵魂的说法，让人在灵魂救赎的想象中使自己的肉体被支配。与基督教神学认为灵魂生而有罪并应该受到惩罚不同，福柯则把灵魂看作生于各种惩罚、监视和强制的方法，这种灵魂说颇有新意，之后我们还将看到的是，一切我们所熟知的东西，似乎都是被生产出、创制出来的，都是权力运作不断精细化而发明出来的技术。

从依靠直接造成肉体痛苦技术的统治权力中走出来，人类社会

---

[1] [法] 福柯：《权力的眼睛——福柯访谈录》，严锋译，上海人民出版社1997年版，第171页。
[2] [法] 福柯：《规训与惩罚》，刘北成、杨远婴译，生活·读书·新知三联书店2003年版，第32页。

并没有走出非肉体的惩罚时代，规训权力的出现，反而标志着肉体真正成为权力的目标和对象。这是福柯很重要的观点。因为在他看来，统治权力对肉体的酷刑是有法律的依据的，是权力根据法律对违反法律的犯人的身体进行的惩罚。统治权力的目标和对象不是人的肉体，而是权利主体，折磨肉体只是对部分的权利主体破坏法律、侵犯君主权力的行为进行惩罚的媒介。统治权力只是对一个拥有各种权利，包括生存权的司法对象行使法律，而不是对有疼痛感觉的、普遍的肉体行使法律。规训权力作用的对象不是权利主体，它不是利用肉体的疼痛惩罚权利主体，它的对象是作为肉体存在的人，是所有的活生生的人，规训权力才是真正把人看成肉体存在的权力，它真正、直接对准了肉体，而不是以人的肉体为媒介对准法律主体。这是其最根本性的特征。

规训权力实际上加强了对肉体的干预，它发展出一系列复杂的技术，力求把肉体变成积极的、被驯服的力量。"肉体也直接卷入某种政治领域；权力关系直接控制它，干预它，给它打上标记，训练它，折磨它，强迫它完成某些任务、表现某些仪式和发出某些信号。这种对肉体的政治干预，按照一种复杂的交互关系，与对肉体的经济使用紧密相连；肉体基本上是作为一种生产力而受到权力和支配关系的干预；但是，另一方面，只有在它被某种征服体制所控制时，它才可能形成一种劳动力（在这种体制中，需求也是一种被精心培养，计算和使用的政治工具）；只有在肉体既具有生产能力

第三章
身体的规训

又被驯服时,它才能变成一种有用的力量。"[①] 规训权力的目标就是使肉体的生产能力充分发挥,又使肉体之人被彻底驯服,成为一种劳动力,成为一种有用的力量,因为这正符合整个现代资本主义生产方式的需要。

福柯的规训权力研究显然将批判的矛盾对准了资本主义政治经济制度。这一点和马克思殊途同归,两者有着共同的对手。福柯看到的是,虽然现代人名义上被作为公民看待,现代社会实际上所需要的只是驯顺的肉体劳动者,当人们以公民身份登堂入室的时候,权力早已设置好固定的空间等待着他们,让他们自觉接受权力的规训。现代社会并不像现代性所承诺的那样,人们已经足够的自由,可以支配自己的身体,人的身体并不属于人自己,它被不断地规训,以更好地服务于权力的运作,服务于资本的生产,这正是现代社会所呈现出来的另一面。

二 规训的手段

规训权力是直接瞄准人的肉体及其行动的权力,它有着自己一整套的技术手段。"'规训'既不会等同于一种体制也不会等同于一种机构。它是一种权力类型,一种行使权力的轨道。它包括一系列手段、技术、程序、应用层次、目标。它是一种权力'物理学'

[①] [法]福柯:《规训与惩罚》,刘北成、杨远婴译,生活·读书·新知三联书店2003年版,第27—28页。

或权力'解剖学',一种技术学。"① 这种权力不像统治权力一样依靠法律和惩罚,它更加依靠知识、科学、技术,它以知识、科学、技术为基础,这些知识主要聚焦在对人的各个部分的全面深度认识上,涉及有关法律的知识、有关犯罪的知识、有关心理的知识、有关身体的知识等。规训权力的到来与相应的人文学科知识的出现是一致的,新型知识的形成和积累扩大了权力的效应。而且,因需要借助多种知识,规训权力实施的主体已经发生变化,更加广泛、多元,不仅仅是君主、法官,还包括监狱看守、医生、牧师、精神病专家、心理学家、教育学家等在内的技术人员大军,他们分享着合法的惩罚和审判权力。福柯想要说明的是,权力已经开始从中心到边缘发散了,已经从高高在上的权力机构降落到日常生活中的各个机构了。

规训权力对肉体的政治干预采用的技术是微观的,它注重微妙的技术,采用的工具是"纪律",一种"有关细节的政治解剖学"。它直接渗透到"个人、他们的身体、他们的姿态和日常行为"中,对肉体的各种因素、姿势和行为进行操纵。纪律是用最小的代价把肉体简化为一种政治力量,同时又成为最大限度有用的力量的技术。正是这种纪律在 17 世纪和 18 世纪变成了一般的支配方式,"它规定了人们如何控制其他人的肉体,通过所选择的技术,按照预定的速度和效果,使后者不仅在'做什么'方面,而且在'怎么做'方面都符合前者的愿望。这样,纪律就制造出驯服的、训练

---

① [法]福柯:《规训与惩罚》,刘北成、杨远婴译,生活·读书·新知三联书店 2003 年版,第 242 页。

第三章
身体的规训

有素的肉体,'驯顺'的肉体。纪律既增强了人体的力量(从功利的经济角度看),又减弱了这些力量(从服从的政治角度看)。总之,它使体能脱离了肉体。一方面,它把体能变成了一种'才能'、'能力',并竭力增强它。另一方面,它颠倒了体能的产生过程,把后者变成一种严格的征服关系"①。

与统治权力对人的肉体的恐怖惩罚不同,规训权力把人体当作可以分割的部分,对它施加微妙的强制,从它的运动、姿势、态度、速度等方面来掌握它,通过不间断的、持续的监督来控制它的内在组织和力量,所以福柯称这是支配活动人体的"微分权力"(infinite simal power)。纪律对肉体的支配,是要激发出人的肉体内部尽可能多的体能,并保证激发出来的体能被权力所利用。纪律因此是要通过微观技术来建立一种关系,使肉体在变得更有用时也变得更顺从,或者因更顺从而变得更有用。"如果说经济剥削使劳动力与劳动产品分离,那么我们也可以说,规训强制在肉体中建立了能力增强与支配加剧之间的聚敛联系。"② 福柯的字里行间总会让人想到马克思,这句话又是如此,他实际上认同了自己对规训权力的分析是与马克思对资本主义生产方式剥削的分析是一致的。规训权力分析深化了马克思对经济剥削的分析,因为规训权力使肉体的能力不断增强,使劳动产品生产的更多,因而使剥削的程度更加严重。

---

① [法]福柯:《规训与惩罚》,刘北成、杨远婴译,生活·读书·新知三联书店 2003 年版,第 156 页。
② 同上。

为了更好地控制和使用人的肉体，规训权力找到了一整套技术、方法、知识、方案和数据，把大量混杂、无用、盲目流动的肉体和力量变成多样性的个别因素，把肉体变成个人，变成有体能、才能、能力又被驯服、征服、支配的个体，也就是说，规训权力造就个人，既把个人视为操练对量，又视为操练工具。规训权力从对人体的空间分配开始，即把人分布在学校、医院、工厂、军队、监狱这些不同的封闭的空间中，为不同的空间设定不同纪律，每个人都必须遵守这个空间的纪律，他可以到另一个空间但又必须接受那个空间的纪律。学校、医院、工厂、军队、监狱等机构自然成为规训权力的代表。这是纪律的分配艺术，也是一种空间政治学。接下来是对活动的控制，安排、规定人体的活动，把身体的动作分成各种因素，规定每个动作的方向、力度和时间以及动作之间的连续性，肉体被要求接受训练以适应这些最细微的运作，所以福柯说，"这是一种操练的肉体，而不是理论物理学的肉体，是一种被权威操纵的肉体，而不是洋溢着动物精神的肉体，是一种受到有益训练的肉体，而不是理性机器的肉体"[①]。再接下来是对肉体的时间筹划，把"时间渗透进肉体之中"，控制每个人的时间、肉体和精力的关系，保证人的肉体可以在合理时间的安排下产生更多的能量。最后还有力量的编排，通过精确的命令系统和信号发送，使单个肉体成为可以被安置、移动及与其他肉体结合的因素。规训因此就从肉体中创造出个体，能够接收空间分配、遵守活动安排、合理利用

[①] [法]福柯：《规训与惩罚》，刘北成、杨远婴译，生活·读书·新知三联书店2003年版，第175页。

第三章
身体的规训

时间、力量可以互相组合的服从纪律、服从规训的个体。

规训权力还采用了简单却有力的三大手段。手段之一被称为"层级监视",它借用了人们目光的"杀伤力"而注重规训场所、监视组织的设计,它要求便利地对建筑物内部(监狱、工厂、教室)的人进行监视,使空间内的一切一目了然,暗含着一种类似用于观察行为的显微镜的控制机制。"监视的技术能够诱发出权力的效应",利用分层的、持续的、切实的监视,规训权力变成一种复杂的、自动的和匿名的权力,使每个人都被控制在权力的网络中,"由于有了这种监督技术,权力'物理学'对肉体的控制遵循着光学和力学法则而运作,即玩弄一整套空间、线条、格网、波段、程度的游戏,绝不或在原则上不诉诸滥施淫威和暴力。这是一种更微妙的'物理'权力,因此似乎是不那么'肉体性'的权力"[1]。没有暴力,没有恐怖,只有注视,只有监督,规训权力运作地更为微妙,而且无所不在,无时不在,而且毫不掩饰,但同时它又始终在沉默中发挥作用,因此而绝对审慎。谁在监视呢?也就是那个权力的主体是谁呢?很难发现,可能是所有的人。这其实已经说明权力不再是能被某个人或某个团体占有的物或可转让的财产,它已经成为外在于人之外的关系或力量了。

第二大手段被称为"规范化裁决",即把个人纳入不同的整体化的空间中,在每个空间中设置整齐划一的规范或准则,划分出品质、技巧和能力的等级或标准,根据这个所谓的规范或最低限度的

---

[1] [法]福柯:《规训与惩罚》,刘北成、杨远婴译,生活·读书·新知三联书店2003年版,第200页。

标准来要求每一个个人。它会根据这个规范或标准来确立空间内部的处罚和奖励。对符合规范、达到要求的给予奖励，对不符合规范、达到要求的实行惩罚。不符合准则或偏离准则的个人面临着巨大压力，不得不经过训练而矫正自己的行为。规训权力正是通过奖与罚的界分，排列出一个什么是好与坏、正常与不正常、危险与不危险的行为列表，借以对社会成员进行指导、监督和规范。它不断地比较、区分、排列、同化、排斥，就会使每个人都面临着整齐划一的压力而不断地受支配。更重要的是，规训权力的纪律和规范不同于法律，它关涉到了重大惩罚制度不关心的许多行为，是一种在法律惩罚不能触及的领域中所采用的手段，这说明权力的技术已经细化，已经侵入日常生活中更多的角落。

第三个手段是"检查"，比如医院对病人的巡诊、学校对学生的考试等。对福柯而言，规训权力不是通过可见、可展示来展示自己，而是通过自己的不可见性以及对象的可见性来施展的。被规训的人随时被看见是其被支配的前提，而检查就是旨在让被征服者对象化、可见化的方法，就是使被规训的人成为对象，从而实现对其的支配和控制。检查把个体引入文献领域，每个人的能力、水平以及可资利用的因素都被记录在案，形成一系列有关规训个体的符码、文字，在"书写权力"的支配下，个体成为统一的群体，成为知识、真理的对象。每个区域、领域的人在成为检查对象的同时，也就成为权力的客体，检查也把纪律仪式化，通过正式的、正规的程序对这些对象的检查，使权力显示自己的权威，这种微不足道的检查技术因此就确定了权力的主体与客体，使权力轻而易举地得以运行。

第三章
身体的规训

规训权力不像统治权力那样，自认为无所不能，通过权势的炫耀、夸大的和符号化的消费来表征，规训权力的模式、程序比起君权的威严仪式或国家重大机构的气派显得微不足道，但它却使君权的奢华壮丽、必要的炫耀黯然失色。它不通过暴力工具、恐怖武器或意识形态，而是通过微妙的、容易接受的方式，通过注视、规范、检查这些日常化的手段来实现。规训权力是多种多样的，它能够用最小的成本取得最好的效果，它的实施精密、巧妙，极其隐蔽，并且风险很小，不容易出现漏洞和导致权力客体的反抗。它使权力的效应能够抵达最细小、最偏僻的因素，确保了权力关系细致入微的散布。在日常生活权力的似是而非中，人们承受着它的支配。

鲍德里亚曾描述过权力，可以看作对这个策略的赞誉："权力竭尽全力地捍卫自己（这就是权力的实践）：它被民主化，它被解放，它被庸俗化，最近它又被无中心化和无疆界化，等等。"[①]也就是说，权力为捍卫自己的统治无所不用其极，民主化、解放化、无中心化、无疆界化的伎俩使人们已难以辨识、难以超脱。这正是规训技术追求的效果，是现代权力的高明之处。福柯描述的规训权力的技术并不玄妙，并不高大上，我们一旦读懂，再看看自己所生活于其中的现代社会，难免会会心一笑。规训权力就是日常生活化的权力，它不是冷冰冰的、给人带来强烈震慑效果的权力，而是我们习以为常的、就在我们身边的权力。福柯已经将权力的疆域进行

---

① [法]鲍德里亚：《忘掉福柯》，汪民安等编《福柯的面孔》，文化艺术出版社2001年版，第533页。

了扩展，他将高高在上的权力拉下了神坛，揭示了权力的无所不在，他让我们不要自以为逃脱了权力的主宰，而应意识到权力总是在我们的社会中悄然运作。

三　监狱型社会

　　福柯对规训权力的分析，终究是要引向对启蒙思想及其资本主义的现代性政治实践的批判与反思。他写道："思想史的研究者往往认为18世纪的哲学家和法学家创造了一个完美社会的理想。但是，当时也有一个军事社会的理想。其基本所指不是自然状态，而是一部机器中精心附设的齿轮，不是原初的社会契约，而是不断的强制，不是基本的权利，而是不断改进的训练方式，不是普遍意志，而是自动的驯顺。"[①] 社会契约、基本权利、普遍意志是18世纪启蒙思想家所宣称的完美社会的机器部件，但这台机器上附带的"齿轮"则是不断强制、不同训练方式、自动的驯顺。启蒙思想家不仅仅设想了完美社会、自由社会，还设想了军事社会、规训社会。福柯充满戏谑地指出，当法学家或哲学家正致力于从契约中寻找或重建社会共同体的模式时，士兵和纪律专家则共同制定了对肉体实行个别与集体强制的程序。

　　规训权力塑造规训的个人和规训的社会。自由的个体被当成肉体驯服了，美好的社会想象被规训的空间所代替了。完美的社会没

---

　　① ［法］福柯：《规训与惩罚》，刘北成、杨远婴译，生活・读书・新知三联书店2003年版，第190页。

第三章
身体的规训

有实现,一个推崇强制、训练、驯顺的规训社会倒是出现了。福柯看到,18世纪惩罚的权力不断走向温和,走向人道的最终结果,是针对人的身体的监狱、监禁与教养机构的出现。在人道化、仁慈的原则之下,是一种精心算计的惩罚权力经济学,也是一种规训权力出场学。人的科学、人道主义的出现,只是权力技术进入规训时代的结果,对"人"的关注,正是服务于权力对人的规训。权力技术发明了人、人性、人道主义,人是被权力所建构的产物,是复杂权力关系的效果和工具,是受制于多种监禁机制的肉体和力量。

福柯提醒的是,"当时还存在着一种将个人建构成与权力和知识相关的因素的技术。个人无疑是一种社会的'意识形态'表象中的虚构原子。但是他也是我称之为'规训'的特殊权力技术所制作的一种实体。我们不应再从消极方面来描述权力的影响,如把它说成是'排斥''压制''审查''分离''掩饰''隐瞒'的。实际上,权力能够生产。它生产现实,生产对象的领域和真理的仪式。个人及从他身上获得的知识都属于这种生产"[①]。人成为个体,成为知识的对象,成为可描述、判断、度量以及与他人比较具有个性的人,成为必须加以训练、教养、分类、规范、排斥等的个人,这都是规训权力与知识结盟生产出来的"产物",人就在这种被规训中成了我们以为的自由的个体。

这种自由的个体在表面上受到法律的保护,享受原则上平等的权利体系,而实质上却不得不经受微小的、日常的规训机制。福柯

---

① [法]福柯:《规训与惩罚》,刘北成、杨远婴译,生活·读书·新知三联书店2003年版,第218页。

说,"'启蒙运动'既发现了自由权利,也发明了纪律",而且"真实具体的纪律构成了形式上和法律上自由的基础"。这里的纪律不同于法律,它实际上是一种"反法律"(couter – law),法律在形式上保证了自由个体的平等主体关系,限制了权力行使领域的界限,而纪律则重新让人回到强制关系中,并维持、强化和扩大了权力的不对称性,跨越了法律对权力所划定的范围。规训机制实际上征服了法律制度,资产阶级在它变成统治阶级后,确立了明确的、法典化的、形式上平等的法律结构,而规训机制的发展和普遍化则构成这一光明进程的黑暗面。资产阶级所谓的自由、平等、人权的口号背后是把人拉进纪律的无休止的强制关系中,让人生活在以纪律和规范为主要技术的规训社会中。

现代人所生活于其中的规训社会是一种什么样的社会?福柯有两个令人感觉不可思议却又韵味无穷的比喻,一个是"瘟疫型社会",一个是"监狱型社会"。瘟疫在福柯不同的文本中多次出现,被认为对权力技术的转变起着重要作用。正是瘟疫刺激了规训权力的出场,引出了种种的规训方案。福柯所说的瘟疫不一定是真实发生的,而是被人为想象的,他明确指出,规训权力的运行建立在对瘟疫的想象中,"为了使权利和法律能够完全按照理论运作,法学家陷入关于自然状态的想象;为了看到完美的纪律发挥作用的情况,统治者设想了瘟疫状态"①。权力设想瘟疫随时可能会发生,必须随时做好预防措施对付它,而一旦瘟疫发生,最好的方式就是

---

① [法]福柯:《规训与惩罚》,刘北成、杨远婴译,生活·读书·新知三联书店2003年版,第223页。

第三章
身体的规训

把瘟疫受害者封闭在割裂的空间,不断地对其检查、分类、监视、记录,确定每个人的位置、肉体、病情、死亡情况,这正是规训权力的手段。

福柯当然不是就瘟疫谈瘟疫,而是借此言它,他要说明现代社会可能没有发生真正的瘟疫,但会把一些人比如乞丐、流浪汉、疯人和不守法者等当成"瘟疫受害者"来对待,并通过精神病院、妓女收容院、教养所、少年犯教养学校等机构,把人划分成疯癫/心智健全、有害/无害、正常/不正常等类型对后者进行强制安排。也就是说,规训权力利用了人们对瘟疫的恐惧,使规训机制得以在现代社会施展,形成了一系列度量、监视和矫正非正常人的技术和制度,最终将现代社会变成瘟疫型社会。

福柯关于"监狱型社会"的灵感来自边沁在监狱改革时提出的"全景敞视建筑"(panopicon)的设想:四周是环形建筑,中心是一座有一圈窗户对着四周环形建筑的瞭望塔,环形建筑分成许多小囚室,各囚室都有对着中心瞭望塔的窗户以及对着外面的可以保障阳光照进来的窗户,保证囚室内的人很容易、很便利地被瞭望塔中的人随时观看和辨认。与原来监狱往往是封闭的、剥夺光线的、隐藏的空间不同,这种监狱建筑现在则借助于充分的光线让囚犯暴露出来。瞭望塔的监视者是不可看见的,是可以随意的,而罪犯在小囚室里会时刻感受到来自瞭望塔里的监视者的注视而循规蹈矩。

在边沁看来,这只是一个著名的透明环形铁笼,或是一个完美的规训机构的设计方案。但在福柯看来,它早已是社会机构采用的通用模式,现代社会也变成了全景敞视的社会,一个监狱型的社会。这种建筑模式不仅被运用在监狱中,还被应用于学校、超市、夜总会、工厂、医院和军队中，针对学生的考场、针对顾客的购物中心和夜总会的监视镜头、针对工人的监工等就是例证，学生、病人、工人、疯子、懒惰者就在学校、医院、工厂、精神病院等"小囚室"中，接受注视和监督，教师、医生、监工、精神病学家就在"瞭望塔"中监视着他们的"犯人"，医治病人、教育学生、禁闭疯子、监督工人、强制乞丐和懒惰者劳动。

在福柯看来，从抵制瘟疫的规训到全景敞视主义的规训，是两种类型的规训机制，前一种最多说明规训权力消极地出现，后一种则说明规训权力积极地运作起来，这种转变说明规训已经从封闭的、某种社会隔离区的规训扩展到一种无限普遍化的全景敞视主义机制，已经逐渐扩展并遍布整个社会机体。现代社会最终成为一个监狱型的社会，因为监狱与工厂、学校、兵营和医院彼此相像，一个纪律严明的兵营，一所严格的学校、一个阴暗的工厂，与监狱没有实质的差别。生活在现代社会的每个人都在被监视，没有一个人能够逃脱。

自由的个体是自由的，他只能自由地选择从一个规训机构到另一个规训机构，就像马克思所说的劳动力的自由，只能自由选择受这个资本家还是受那个资本家雇佣是一样的。福柯利用规训权力、规训社会概念巧妙地完成了对现代社会的反思和批判，虽然描述得有些不可思议，但却抓住了现代社会随着科学技术的发展，人不断被监视、被统一要求、被同质化的真实状况。福柯是高明的批判者，喜欢用形象比喻来说明真实生活境遇，喜欢用过度夸张手法来吸引眼球、让人警觉。

第四章

人口的安全

在针对人的身体的规训权力出现的同时或稍晚些时间,针对人口的生命权力出现了。按福柯所言,生命权力不排斥、不消解规训技术,而是包容、补充它,两者都是管理生命的权力,只不过规训权力管理个体的生命,生命权力则关注人口的生命。生命权力针对人口采用的是安全的技术(technologies de sécurité)或调控的技术,但正是在安全技术的背后,生命权力把人沉降为生物性的存在,在承担起生命的责任的同时将个体生命的独特性给抹去了,透过生命权力光鲜亮丽的外表看到它内藏的凶险,是福柯的生命政治学要说清的道理,也是现代社会值得深思的问题。

一　自然的人口

生命权力是随着人口的出现而出现的，生命政治的关键核心就是这个人口，"正是基于人口，像生命政治学这样的东西才能形成"[1]。福柯的考证发现，人口的概念从18世纪开始在整个政治生活、政治思考、政治科学中建立起来，成为居于中心地位的要素，它是属于现代社会的观念，并在现代社会取得现实性。"人口既是一种观念又是一种现实，关系到政治运作，而且关系到18世纪前的政治知识和政治理论，它是绝对现代的观念和现实。"[2] 现代的政治问题再也无法与人口脱离开来，而在之前，人口作为政治主体在法律和政治思想看来是完全陌生的，并没有得到承认和认识，它虽然出现在政治思想和政府治理的实践中，但都是以否定的方式被提出的，表现在两个方面：其一，人口主要是作为人口减少（dépopulation）的反义词，总是在死亡灾难发生后才被提及。没有死亡的灾难，人口就很少出现在国家和公共生活中。其二，人口作为统治者力量的组成部分，拥有人口的数量，与领土大小、财富多少一起被认为是计算国家力量的标志。

17世纪的重商主义不再把人口看作统治者力量的标志，而是将其看作国家财富的源泉。人口是严格意义上的生产力，它能提供

---

[1] [法]福柯：《生命政治的诞生》，莫伟民、赵伟译，上海人民出版社2011年版，第18页。

[2] [法]福柯：《安全、领土与人口》，钱翰、陈晓径译，上海人民出版社2010年版，第9页。

第四章
人口的安全

农业、手工业的劳动力，是国家源动力的基础要素，因此必须通过举措促使人口增长，创造条件确保人口正常的生产工作。问题在于，重商主义者一方面强调把人口作为财富的基础，另一方面则又把人口置于强制的系统之中，还把人口当成臣民的集合。人口并没有获得它的本质属性，还是在统治者和臣民的轴线上被思考。

18世纪的重农主义开始打破这种观念，不再把人口当作统治者的对立面，它与统治者的关系也不再被认为是简单的服从与反抗的关系。人口被看作整体的过程，看成具有自然性（naturalité）的主体。这种自然性在福柯看来，对应于历史性、政治性，标志着人口成为具有独立性的、现代意义上的人口，成为不依赖于统治者的、不隶属于君主意志的独立的"主体"，不是根据地位、住所、财富、债务和职务加以区分的法律主体的集合。人口的自然性以三种方式表现出来。

第一，人口不是简单地居住在领土上的所有人的综合，也不是只能根据数量来确定的要素，它作为一种自然的现象，处于一系列可变要素的相互制约之中，会根据自然因素和社会因素的变化而变化。它变成君主利用法律技术根本无法操控的变量，原来的统治权力不能通过确定其个体的法律主体地位来驾驭它，必须用更高明的权力技术作用于它。

第二，人口的特点表现出欲望的自然性，欲望是人口构成要素自发的又是会受到调节的活动，集体利益的生产通过每一个个体的欲望的运作来完成，正是每个人的欲望产生出集体观念。自然的欲望、自利、自爱不再被权力所否定，而是被刺激和激励，并被认为能生产出有利的结果。所以，人口中的人是有充分的自由的，当然这种自由不是赋予人的某种特权或权利，而只是人作为自然人天生的东西被认可，反映了要让自然人自我发展，根据其自身的意愿在它自己的道路上前进。

第三，人口的自然性还表现出在复杂多变的变量中总是存在着客观自然的规律。人口中的个人欲望自然表露，整体受各种偶然的因素来决定，决定了它是复杂的变量，但透过复杂性，总又能找到客观的、自然的规律。"人口，这是多种要素构成的整体，在这个整体里面，人们都可以发现和辨认一些稳定的和有规律的东西，甚至在各种意外中也可以发现；在这个整体中，人们可以标定普遍的欲望，它恒常地制造出所有人的利益；关于这个整体，人们可以标定它所依赖的一些变量，这些变量可能使整体发生变化。"[①]人口是有规律的，这种规律必然是权力运作需要捕捉的目标。

自然的人口的出现，也带来了现代意义上的进入生命权力视域中的"人口问题"的出现。它涉及三个方面的问题，第一个方面的问题，也是生命权力控制的首要目标，即出生率、死亡率、再生产比率、人口繁殖、寿命、发病率等，这是与人种的生命延续有关的问题，我们可以称为最直接的关于生命的政治学的问题。第二个方面的问题是特殊人群生理上的问题，比如无能力的老人、因事故造成的残疾人和各种异常或反常的人等。这是可以称为健康的政治学的问题。第三个所关注的对象则是人们生活在其中的、与人类密切联系的环境的后果，包括自然环境如地理的、气候的和水文的环境

---

① [法]福柯：《安全、领土与人口》，钱翰、陈晓径译，上海人民出版社2010年版，第60页。

第四章
人口的安全

以及居民所创造的社会环境（主要是城市环境）的后果。这是可以称为环境的政治学或安全的政治学的问题。①

福柯的总结是，"生命政治学建立于其上的某些点，它的某些活动和首要的干预领域、知识领域和权力领域：出生率、发病率、各种生理上的无能，环境的后果，正是关于这一切，生命政治学抽取其知识并确定干预和权力的领域"②。生命权力所关注的人口的问题归根结底是要确保人作为物种、作为生物的延续的问题，它要追求人们的健康以及社会的安全，它因此是关于生命的政治学，关于健康的政治学，关于安全的政治学。当我们面对流行性疾病，面对环境危机，面对大的灾害、面对城市垃圾等问题的时候，我们就能够感受到生命权力的重要性。权力承担起生命的责任，这样的权力已经从令人恐怖的、能产生震慑的否定性力量，进入关心人的生老病死，关心社会的安全保障的积极性力量，这就是福柯不断讲权力不仅仅有否定性、消极性也有生产性、积极性的原因之所在。权力的演变与发展至此已经算是到了最理想的境界。

但福柯还是要让我们保持警惕，生命权力把人口的生命作为对象和目标，就把"人类"（genre humain）变成"人种"（espèce humaine），把人重新置入生物圈之中。人口这个集体主体自身，不同于社会契约创造和建构的集体主体，个体不再被认为能够自由行

---

① 福柯并没有明确地将这三个问题进行进一步的界分，但在一些不同的文本中有一定倾向，为了分析需要，可以明确作出生命的政治学、健康的政治学、安全的政治学（环境的政治学）的区分。

② ［法］福柯：《必须保卫社会》，钱翰译，上海人民出版社 2010 年版，第 187 页。

动的法律主体和权利主体，而是作为有自然需要的主体、有自然欲望的生物体。人的法律主体的地位，因此就这样被退化到生物之中，重新获得自然属性。归根结底在于，生命权力把人作为原初意义上的生物，以生物学的方式来处理人，是关注人的生物特征的权力技术学。"从18世纪开始，社会，现代西方社会，是如何把人类之所以成为人类的基本生物特征重新考虑的。这大概就是我所说的生命—权力。"[1]

生命权力对付的不是臣民，不是公民，不是身体，而是具有生物特征的人口。这种权力不是把人当成人看，而是当成生物看，这是最根本的威胁。而且，把人口作为最终的目标，人口作为客体，生命权力机制指向它，也就会把个人降落成用来在人口层面获得某种东西的工具。而当个人成为可以被忽视的、被抹杀的，服务于作为整体的人口的整体利益的工具时，生命权力赋予他再多的权利也会因人口这一整体利益的需要而被剥夺，而且是合理地、正当地被剥夺。生命权力让权力撕掉保障个体自由、权利的面纱，肆无忌惮地走进人的赤裸裸的生命之中，而且是打着承担生命的责任、保卫人类社会、延续人类生存发展的口号，直接赋予了自己忽略个体价值、剥夺个人生命的合法性、正当性。这是生命权力逻辑根本的悖论，保卫生命也可以无视生命，保卫社会就可以牺牲个体。

---

[1] [法] 福柯：《安全、领土与人口》，钱翰、陈晓径译，上海人民出版社2010年版，第1页。

第四章
人口的安全

二 健康的政治

生命权力的技术与知识随着人口的出现而成型，它围绕着人口的特殊现象和各种变量展开，通过预测、统计、评估、总体测量，在人口的偶然性上建立保障机制，优化生活状态，降低发病率、延长人的寿命、刺激出生率、改善生存环境。在《18世纪的健康政治》[①]一文中，福柯通过对18世纪公共医学发展的研究，对生命权力的出场、特征、技术进行了详细地分析。他看到，当时与基于市场法则的私人医学得到发展的同时，有权力作支持的围绕全面健康家庭的医学政治也出现了，这是双向的过程，一方面，家庭和个人越来越重视健康，围绕个体的检查、诊断、治疗而出现的临床医学、私人咨询得到提升，另一方面社会和国家公共权力也把疾病看作社会全面的政治和经济难题去处理。福柯认为18世纪的社会与其说是医学社会化的时代，还不如说是"疾病分类政治学"（noso-politics）的时代，即区分出私人的疾病和群体的疾病或社会的疾病的时代，并且是特别强调社会整体的疾病的时代。

在这种疾病分类政治学中，国家机器不是发起、组织和控制的中心。不是因为国家介入医学实践，不是自上而下地垂直倡议，才出现了疾病分类政治学，而是因为健康和疾病的问题在社会机体的

[①] 此文发表于1976年，可以看作福柯的生命政治的重要文章，他虽然没有在此文中提出生命政治的概念，实际上所讲的就是他之后的生命政治问题。

多个层面出现，成为集体性控制的重要障碍的问题。推行健康政策、管控医学难题的组织机构，包括宗教组织、教区机构和慈善组织、学术组织和学院。正是这些不同的、多样的社会组织，共同把作为一个国民人口的特征的健康和疾病问题化了。生命权力不单纯是国家的生命权力，生命政治的到来也不仅仅是政治权力所推动的，国家在这个过程不是总是主宰者，它有时主动介入，有时还拒绝权威医学组织的计划，所以福柯才会强调权力不仅仅是国家的权力，行使权力的机构或个体是多元。

本来，权力行使着战争与和平的功能，行使着维持秩序和财富的功能，现在政治权力的本质目标开始定位为一般国民人口的健康和身体素质，权力增加了保障社会作为提供保健、健康甚至长寿的背景环境的功能。"这不是为国民人口某些特别脆弱、特别受到困扰和麻烦的边缘群体提供帮助的问题，而是以何种方式将社会机体的健康作为一个整体而建立起来的问题。不同的权力机器被调动起来管理'身体'，这不仅是为了从身体上榨取供血服务或是给它们强加各种职责，而是为了帮助并在必要的情况下限制它们以确保它们的良好健康。健康的律令——很快就成为每个人的职责和所有人的目标。"[①] 要强调的是，生命权力一定是对准整个国民的健康的，它不是为某些弱势或边缘群体，它着眼的是整体不是部分，如果关注部分群体的话，也是因为部分群体问题的蔓延，可能会带来整个国民人口健康的问题。权力把健康当成律令，它不仅要求社会也要

---

① [法]福柯：《福柯读本》，汪民安主编，北京大学出版社2010年版，第91页。

第四章
人口的安全

求个人注重自己的身体健康，必须得健康，因为健康不仅仅是私人的事情，而且也关系到整个国民和整个国家的事情。

权力保障国民健康和身体素质的功能的运作由多重管控方式和一整套制度所担保，它要发展对人口进行监督、分析、干预、调整的技术，比如人口统计，年龄结构计算，对不同预期寿命和死亡率水平的计算，对财富增长和人口增长之间相互关系的研究，刺激结婚和生育的各种手段，发展教育方式和职业培训，等等。而最为关键的落脚点就是身体，它必须对身体有所观照，有所区分，必须瞄准身体进行干预，消除影响身体的要素，"'身体'——个人的身体和国民人口的身体——呈现为各种新变量的支撑物，它不仅处于稀有者和众多者、服从者和顽固者、健康者和患病者、强壮者和羸弱者之间，而且也处在有较大利用价值者和有较少利用价值者、较利于盈利投资者和较不利于盈利投资者、生存、死亡和疾病前景较好者和较差者、能被训练成有用之才的条件较好者和较差者之间。人口的生物学性状成了与经济管理利害相关的因素，而且围绕这些性状组织起这样一种机器便成了必要，这种机器不仅应该确保这些性状的服从，而且要确保它们效用的秩序增长"①。显然，对待身体的技术，强调人口健康的技术，这是与劳动力的保护、维持和保持有关，与将人口增长协调并整合到生产机器中，以及更精细、更准确的权力机制对这种增长进行控制有关。

福柯还总结了18世纪疾病分类政治学的两个主要特征。第一

---

① ［法］福柯：《福柯读本》，汪民安主编，北京大学出版社2010年版，第92页。

个是儿童的优先地位和家庭的医学化。它不仅仅包括儿童的出生数量，出生率和死亡率的关系问题，也包括儿童长大所需的物质和经济条件问题，所需要的投资总量问题。儿童问题的重要性促使家庭的功能发生变化，家庭不再仅仅是一种血缘关系，一种财产转移机制，而成为儿童生存和发展的直接环境和基本框架，必须保证儿童健康、清洁、强健的身体，打造有利于健康的家庭空间，成了家庭最迫切的目标。

第二个主要特征是公共卫生的优先地位和医学履行社会控制的功能。保健不再仅仅被理解为一种生活规则和一种预防性医学形式，而被扩大成国民的集体性概念，它包含三个目标，即使大规模流行病消失，使死亡率下降，以及使每个年龄群体的平均寿命和预期寿命的增长。而生命权力需要致力于实现国民人口保健学的这个卫生规划，比如对城市空间进行控制。因为城市空间构成国民最危险的环境，居民区的方位安排，城市污水和下水系统的疏通，屠宰场和墓地位置的确定，人口的密度，是居民死亡率和发病率的关键因素，权力必须介入城市空间中，要介入最可能出现疾病的那些地方，包括监狱、船舶、港口设施以及游民、乞丐和残疾人混杂的综合医院等，保障这些空间的公共卫生和医学化。

生命权力需要相关知识来实施，医学突然成了重要的知识，因为它是作为健康的技术，是能够服务于普遍健康政治的知识，因此必然在管理系统和权力机器中占据越来越重要的位置。福柯如此描述医学和医生随着人口问题的出现而扮演重要角色的过程："在18世纪，人口统计学、城市结构和工业劳动问题的发展，已经在生物学和医学领域提出'人口'问题，涉及生存条件、居住和营

第四章
人口的安全

养状况、出生率和死亡率、病理现象（流行病、地方病、婴儿死亡率）。社会'肌体'不再仅仅是一种司法—政治隐喻（像《利维坦》中那样），而成了一种生物现实，成为医学介入的一个领域。因此，医生必须成为这一社会肌体的技师，医学成了一种公共卫生学。"① 人口问题涌现，社会成为生物现实，医学必定作为公共卫生学介入，医生必然成为分担权力的技师。

不仅仅医学成为生命权力的谱系，人口统计学、教育学、心理学尤其是精神病学都开始成为权力急需的知识。福柯认为，精神病学在19世纪之所以变得如此重要，正是因为它不仅仅是运用一套医疗合理性来处理精神和行为失常，而且还因为它发挥了公共卫生学的作用，它和医学一样，不仅仅是治理疾病，主要是能以健康的名义来指导安排人的生活方式和行为方式，服务于生命权力的功能——国民健康。福柯在很多文本中用大量的笔墨讲述精神病学，得到的结论是精神病学已经不再仅仅寻求进行治疗了，它赋予自己更多的权力，即从保护社会的角度，强调社会可能成为不正常的人的危险的牺牲品。"从对不正常的人的医学化开始，从这个加在病态和治疗学上的困境开始，精神病学将能够实际上给自己一个功能，它将仅仅是拥有保护和秩序的功能。它赋予自己一个普遍化的社会保护的角色，而且，通过遗传概念，它同时给自己对家庭的性进行干预的权力。它成为社会的科学保护的科学，它成为人类的生

---

① [法]福柯：《福柯读本》，汪民安主编，北京大学出版社2010年版，第122页。

物保护的科学。"① 精神病学承担了生命权力的功能,生命权力利用精神病学来保护社会,干预家庭,干预人的性,干预作为生物的人类,而这种干预或者控制,都是在保障国民健康、保卫社会安全的名义下进行的。为了健康,人的身体必须被干预,人的精神必须被干预,个人的身体和精神健康必须成为非个体的国家和社会问题。生命权力支配人的技术因此是完全正当的,这是权力技术进步的表征。

三 安全的技术

如果说统治权力的主要目标是君主及其领土的保障,规训权力的主要目标是身体的力量及驯服,生命权力的主要对象和目标就是国民的健康与人口的安全。相对于统治权力的法律的技术,规训权力的纪律或规范的技术,生命权力采用安全的技术②,它是一系列安全技术的集合,有几个方面的特点,福柯在比较中进行了归纳。

第一,安全技术设定"环境"的开放性空间。每一种权力都会有特定的空间布局,不同类型的权力因此都对应于相应的空间政治学。统治权力(主权、君权、国家权力)划定的空间是领土,这是地理学意义上的空间;规训权力划定的空间则是学校、医院、工

---

① [法]福柯:《不正常的人》,钱翰译,上海人民出版社2010年版,第264页。
② 福柯曾使用安全机制(mécanisme de sécurité)、安全装置(dispositifs de sécurité)、调节性控制(contrôles régulateurs)等词语,为了行文方便,本书尽可能采用"安全技术"的说法,将安全装置、安全机制则理解为不同的安全技术的集合。

第四章

人口的安全

厂、军营这些特定的封闭的场所,可以称为社会学意义上的空间;生命权力设定的空间是在社会中发生的一系列事件构成的外在的"环境"(milier),是有自然、地理和人为因素共同所构成的开放性空间。福柯如此讲道:"完全从属于安全问题的空间指向一个可能事件的系列,指向暂时的和不确定的东西,然而这些东西是必须要置于确定空间的。"① 安全配置的空间是一系列不确定的要素展开的空间,是一系列自然条件如河流、沼泽、山峦因素等以及一系列人为条件如个体的聚集、房屋的汇聚等产生的结果,因此是兼具地理学意义、人类学意义和社会学意义上的空间。人口就在这个叫"环境"的空间中,环境成为自然的人口的决定性因素,因此便成为生命权力干预的场域。所以,福柯说过,处理人口的环境的政治方案、政治技术,这就是生命权力。与统治权力要求确定界限和边界,规训权力确定不同位置不同,生命权力的主要任务则是允许、保证、确保循环流通。前两种类型的权力主要是向心的,集中于包围和封闭,生命权力则总是倾向于扩展,尽可能将空间放大,将更多的要素作为分析对象。

第二,安全技术处理不确定性和偶然性的事件。生命权力的安全技术不把个人、成群的个人、杂多的个人作为目标,而是以这些个人、群体和团体相互作用所产生出来的事件为目标,是在人口中产生的并在一定的时段内加以考察的偶然事件。生命权力必须控制一些看上去与人口不相干的事物,通过计算、分析和观察思考,控

---

① [法]福柯:《安全、领土与人口》,钱翰、陈晓径译,上海人民出版社2010年版,第15—16页。

制这些事情以对人口施加影响。规训不放过任何东西，不让最细微的事物摆脱控制，安全配置则是放任的，它不关注细节，而是把细节作为广义的自然过程的必需的要素，而且只有细节有可能带来大范围人口问题时，才会被关注。"它完全不在细节的层面上考虑个人，相反，通过总体机制，来获得总体平衡化和有规律的状态；简单说就是对生命，对作为类别的人的生理过程承担责任，并在他们身上保证一种调节，而不是纪律。"[1] 它更多考量的是整体，是总体，"这种技术集中纯粹属于人口的大众的后果，它试图控制可能在活着的大众中产生的一系列偶然事件；它试图控制（可能改变）其概率，无论如何要补偿其后果。这种技术的目标不是个人的训练，而是通过总体的平衡，达到某种生理常数的稳定：相对于内在危险的整体安全。"[2] 生命权力知道人口的个体是难以把握的，是偶然的、难以预测的，它知道只有从集体的层面上才能确定人口的常数，才能捕获对象。

第三，安全技术采用特别的规范化（normalisation）形式。这是不同于规训权力类型的规范化，规训权力首先提出一个根据某一目标而确立的最优模式也就是规范，以此来要求人，使人的举止行为符合这个规范，进而划分出正常的人和不正常的人，其中规范是最根本的、最初确定的。安全技术则首先通过个人的案例将个别现象集体化，把个体的现象整合到集体的场域中，然后预测可能出现

---

[1] [法]福柯：《必须保卫社会》，钱翰译，上海人民出版社2010年版，第188页。
[2] 同上书，第190页。

第四章

人口的安全

的风险，确定危险之所在，它不预先设置规范，而是不断地通过危险预警，提出人们为防不测不要去做什么的"规范"，它不将人区分为正常与不正常，而是将人区分为现在正常与有可能接下来不正常，每个人都要防止接下来的不正常，从而遵守规范。规训权力要将正常的人与不正常的人分割开来治疗不正常的人，生命权力则不做分割而考虑整个的全部人口，观察人口的致病率和死亡系数，它不是要确定规范，而是不断地通过规范化来调整分布，把不利的因素取消掉，消除掉，永远寻求新的规范、更好的规范。这是动态的规范，而不是静止的规范。规训按照法规加以分类，分为允许的和禁止的，阻止一切禁止的事物，这是否定性的思想和技艺，它的基础是必须做哪些事。安全技术既不是确定什么是要阻止的，也不是什么是必需的，它的主要功能要消除、控制、制止或者调整这个现实。

在《安全、领土与人口》的讲座中，福柯提到了一个简单的例子，更简洁地说明了权力的三种形式，这说明福柯经过几年的不断思考，已经十分清晰。这个例子是"不得杀人，不得盗窃"。第一种方式是权力直接通过发布禁令，对违犯的人直接给予惩罚，比如引人注目的绞刑、放逐或者罚款的方式。这是统治权力的法律的或者司法的技术。第二种方式则是进行监视、审核、检查以及各种控制预防人盗窃和杀人，惩罚则通过监禁、训练、义务劳动、道德教化、行为矫正的形式。这是规训权力的规训技术。第三种方式考虑的主要问题是，此类犯罪的平均犯罪率是多少，如何预测出特定时间、特定社会、特定城市或乡村、特定阶层的犯罪的数量？如何将这种类型的犯罪控制在经济上和社会上可接受的限度以内？这种形式就是生命权力的安全技术。它将犯罪现象置于一系列概率性的事件当中，考量治理这些犯罪现象的成本，它不是在允许和禁止之间建立二元划分，而是确定最合适的平均率以及可接受的底线。

三种技术并不是互相替代，互相否定，而是相互关联，互相重合，互相夹杂。只不过，安全技术成为当代社会采用的主导形式，它实际上融合了法律技术和规训技术，比如依靠大量的立法、规章条例、公告，加强对个人的监视，对他们的心理结构和特殊病理进行分类。这说明权力的技艺本身日益完善起来，不再是单一的，而是复杂的、多样的、有效的，它已经能够覆盖社会的各个领域，进入人的日常生活的角角落落，进入人的肉体以及人口的全部。

生命权力是在安全社会（société de sécurité）、生命健康的名义下实现的，福柯提出了这样的问题：在我们的社会中，权力的总体布局是否成为有关安全的领域，我们是否能够真正讨论安全社会？福柯显然不想给出肯定的答案，因为以安全技术为手段、以安全社会为目标的生命权力，反过来或实际上还以"危险"作为主要的技术，他要时刻让人记住，安全社会总面临危险因素的侵袭。生命权力的安全技术运作的内在机理是："我们将拥有一个危险的社会，一方面有人处在危险中，另一方面存在着危险的人。"[1] 必须通过立法的或持续的干预，通过法律机构和医学机构的联盟，来宣布危险，来处理危险，一定要找到危险的因素，不能任由危险的因素来侵蚀社会，来危害我们，必须为了我们的安全，来消灭危险的他

---

[1] ［法］福柯：《权力的眼睛——福柯访谈录》，严锋译，上海人民出版社1997年版，第269页。

第四章
人口的安全

人。而谁是危险的人，是那些不正常的人，是那些不同种族的人，不同阶层的人，是他者，是另类。生命权力因此并不总是祥和或和谐的，它隐藏着危险和对抗，隐藏着屠杀的可能。

再一次谈谈福柯对精神病学研究的成果。福柯强调，精神病学家可能各不相同，但他们都认为疯癫或不正常是危险的源头，对个体自身、对他人、对同时代人都构成了威胁，而且还会通过遗传威胁到子孙后代，因此必须要对隐藏于人类行为的危险进行控制。而正是利用把个人的不正常作为科学和管理对象的机会，精神病学爬上了权力的顶峰，成为克服侵害社会危险要素的社会保护总机关。精神病学因此可以超越法律和司法，代替大部分社会操作和控制，在以保卫社会、维护安全的名义下将人宣布为危险的人，宣布为对人种繁衍、对国民健康、对社会安全有害的不正常的人。权力承担起生命的责任，却以一种可以取消生命的方式运行。最好的例证就是种族主义，就是纳粹主义。我们将会看到，福柯令人惊讶的结论竟然是生命权力必然利用种族主义，纳粹主义就是精神病学的现实表征。

第五章

种族的战争

　　人口是有"种族"之分的,"种族"也是福柯生命政治学的重要关键词。福柯把"种族战争"看作权力关系的分析器,把种族主义看作种族战争的特殊历史形式,看作生命权力运作的历史实践,很精彩地勾勒了生命权力技术的运作机制,它在必须保卫社会的名义下,把完整的人口区分出不同的种族,以种族战争的方式行使了毁灭生命的功能。福柯借助于生命权力理论反思了以纳粹为代表的国家种族主义,用种族主义审视了生命权力的恶性效果,值得分析和关注。

第五章
种族的战争

一　永恒战争

福柯总是任性地颠覆传统的基本共识，对待战争也是如此。他认为必须重新发现"战争"，战争不是阶段性的，它是常态的，是社会关系的永恒形象，这是他的战争观的基本论调。福柯开启了权力的战争分析模式，认为权力关系在根本上是对立关系、战争关系，即使在和平、秩序、稳定之下，也能发现战争。显然，他所说的战争，不是发生在国家与国家之间，或者不同党派、教派、不同军事力量之间的暴力关系，而是发生在日常生活中的对抗、敌对、斗争、冲突等。战争只是一种隐喻，强调的是在社会之中不可抹灭的对抗关系。福柯坚持的是权力的战争本体论或对抗本体论。只要有关系，就有权力，只要有权力，就有战争。

福柯瞄准的对象是整个西方政治哲学史上盛行的"契约—压迫"图式：人们通过缔结契约，转让权利，建立国家权力或统治权力，统治权力有可能超出契约范围而滥用成为压迫人的力量，所以，必须保证统治权力的合法性，使其依据法律程序运行以保障人们的权利。这个图式在福柯看来显示出来的因此是合法与不合法的对立。福柯要创构的是权力的"战争—镇压"图式，认为政治权力或统治权力无论建立是否合法，行使是否合法，都没办法掩盖一个事实，就是在其之下实则是敌对的关系。政治权力运行的原则和动力，就是战争、斗争和力量冲突。统治权力不存在滥用不滥用的问题，它本身是永久的力量关系、敌对关系实施的结果，它唯一的方式是用镇压产生屈服，消除斗争，这个图式显示出来是斗争和屈服的对立。

　　福柯认为，把战争作为权力关系的分析器，早在16世纪末17世纪初就已经出现，但实际上被放弃了，被掩盖了。在《利维坦》中，霍布斯描述了"一切人对一切人的战争的原初状态"，但实际上没有真正的战争出现，有的只是展示、炫耀、夸张的表现。人们处于畏惧的关系中而不是在战争的关系中。更令福柯不满的是，霍布斯的战争只是论证统治权力的工具，他强调了统治者与个体们的完全一致，利用并抛弃了战争，用法律掩盖了真正的战争，用统治权力宣告了战争的结束。也就是说，他只是假想了战争，并虚构了战争的终结。福柯想要说明的是，战争一直存在于历史进程中，存在于政治过程中。战争不能是假想的，也没有终结，更不能通过表面的和谐来遮蔽。这就是福柯为什么把自己的分析又称为权力的"历史—政治"话语、把近代以来启蒙理论家的分析称为"哲学—法律"话语的原因。

　　福柯要批判的对象还有黑格尔和马克思。他认为，虽然黑格尔、马克思的辩证法承认了矛盾和战争普遍的和历史的运动的话语，但他们把斗争、战争和对抗在逻辑中进行了编码，将其纳入整体性的双重程序，建立了无法推翻的合理性，从而也磨灭了战争的话语。马克思主义的阶级斗争理论也是如此，在一次访谈中，福柯指出，"我对马克思主义的分析印象很深的一点是它们总是关注'阶级斗争'的问题，可是对这个短语中的一个词，即'斗争'，却忽略了……当他们谈到'阶级斗争'作为历史的主流时，却总是重点来定义阶级：阶级的界限、成员，而从不具体地探讨斗争

第五章
种族的战争

的本质"①。马克思主义应该强调斗争，不应该将重点放在分析"阶级"上，福柯既表达了对马克思主义的关注，也表达了不满，他需要的是战争、斗争话语，而不是阶级分析法。但是，放弃阶级分析法，只强调战争、斗争的本体论，实际上也就放弃了对人类社会历史的客观规律的承认和分析，这实际上是把马克思主义的阶级理论激进化的表现。

为了强调战争在政治、历史、社会进程中的永恒存在，福柯还翻转了德国著名军事学家克劳塞维茨（Carl Von Clausewitz）的名言——"战争仅仅是政治的继续"，而强调"政治是战争通过其他手段的继续"，政治是战争的一个方面、一个阶段，战争才是永恒的、本质的。在社会中运转的权力关系，即建立起来的力量关系，是在战争中并通过战争建立的，政治是确认并继续了战争中表现出来的力量不平衡关系。政治系统内的一些东西，包括权力，只能被理解为战争的继续，当作战争的插曲、片段、移位来辨认。这意味着，政治的结束将是最后一场战争的结束，权力运转的结束。

战争决定了国家的诞生，权利、和平和法律从战场中诞生。法律和国家也并不意味着战争的休止，战争并没有随着国家秩序、法律组织结构的出现而消失，它是不可消除的，依然存在着，"法律不是和解，因为在法律之下，战争仍然在一切权力机制，甚至最常规的权力机制中咆哮。战争是制度和秩序的发动机：和平，在它最小的齿轮里也发出了战争的隆隆声。换一种说法，应当透过和平辨

---

① [法]福柯：《权力的眼睛——福柯访谈录》，严锋译，上海人民出版社1997年版，第47页。

认出战争：战争，是和平的密码。我们处于一部分人对另一部分人的战争之中；战斗的前线穿越整个社会，永无宁息之日，正是这条战线把我们每一个人都放到这一个或那一个战场中。没有中立的主体。人必将是某个别人的对手"①。战争从来不曾消亡，它构成历史的所有进程。战争是社会一以贯之的主线，人与人必将生活在战争的社会环境下。福柯排除了法律—哲学普遍性的主体，即谈论法律和寻找真理的主体，他让人放弃梦想普遍的主体，普遍的权利。说话的主体其实是战斗的主体，总是存在着一部分人与一部分人的战争，而且任何国家都不可能消除这种战争。

如果这是人与人关系的实质，如果这是国家、政治、社会的真实面貌，这不免令人心惊胆战。福柯因此也会被贯之于危险哲学家的称呼。有法国学者认为，福柯所持的是一种"权力的非法律概念"，"一个以战争为起点的非法定概念"，正好与霍布斯的"权力的法律概念"相对立。而权力的法律概念才是西方文明唯一的源头，也是唯一的出路，"权力的法律概念的作用恰恰是让人们能够相信战争是会终结的，并且相信国家内部和平并不是一场无声的战争在持续。当然，这并不是说冲突不复存在，我们需要法律秩序来控制各种冲突，让战火不会重新燃起"②。这位学者显然不满意于福柯用战争思考权力的理论。问题的关键是，福柯真得是在主张战争吗？是要打破法律的和平吗？是去鼓动一部分人去与

---

① [法]福柯：《必须保卫社会》，钱翰译，上海人民出版社2010年版，第36—37页。
② [法]伊夫·夏尔·扎尔卡：《权力的形式：从马基雅维利到福柯的政治哲学研究》，赵靓等译，福建教育出版社2014年版，第156页。

另一部分人去战斗吗？是在鼓励暴力的对抗和抵抗吗？

我们可以为福柯做一下辩护，福柯不是鼓吹者而是冷静的分析者，他只是力图客观地描述政治权力、法律和平、社会秩序的另一面，它要揭示国家、法律、权力的欺骗性，试图去掉披在国家、法律、权力上的神圣光环，让人们看到它们背后竟然是战争的不正义，以让人们对其保持必要的警醒，致力于避免政治权力以合法的、正当的名义对部分人的压制和奴役。正像黑格尔的主奴辩证法，正像马克思的阶级对抗动力论，其实质都在于揭示人类社会政治文明背后的野蛮，让人们透过国家、法律、权力的表象，看清楚推动人类社会向前发展的真正力量。

二 种族主义

战争往往表现为"种族战争"的形式。权力的战争话语离不开"种族"的存在，不同的种族决定了战争话语在权力分析中的"正当性"。我们也不能从表面上理解"种族"，福柯所讲的"种族"不仅仅是指民族、族裔、人种，也指更宽泛意义上的"集团"或"集体"，是因人种、语言、经济、文化、政治地位、社会地位甚至性别、性取向、理性程度等差异造成的对立的集团或集体，比如资产阶级与无产阶级、统治阶级与被统治阶级、白人和黑人、异性恋者和同性恋者、正常人和疯癫者等。种族因此也是一种隐喻，只是代表在社会中集团性的、团体性的不能完全融合的存在，代表的是社会中存在对抗性的二元力量。福柯用种族战争的分析术语，强调的是国家或社会不是金字塔式的秩序或等级森严的制度，或一种统一的和谐的机制，而总是存在若干个对立集团之间界限分明、针锋相对的关系，即永恒的战争关系。

这种种族战争话语的出现，在福柯看来是从17世纪开始的，是对统治权力话语的反抗与颠覆。种族战争话语作为新的特殊的历史话语，是要挖掘出一些被遮蔽的东西、被篡改和被抹杀的东西。它不再把统治权力描述成一个普遍的体系，不再宣扬人民和民族、民族和统治者的统一性，不再论证权力的合法性，建立权力的法律原则，而是力图暴露出统治权力、法律有两面的真实性，即一部分人的胜利和一部分人的屈服，它"认为在历史中有两个种族：两个起源于不同地区的集团；两个集团至少在起源上没有相同的语言，经常地也没有相同的宗教；除非以战争、侵略、征服、战斗、胜利和失败为代价，简单地说以暴力为代价，这两个集团才能组成政治的统一体"[①]。它要揭露潜藏于法律之下并通过它进行的永无休止的冲突，社会从头至尾遍布种族冲突，不再是单一种族话语，而是多种族的、种族冲突的。

种族战争话语不关注统治权力和它的建立问题，而是关注革命以及它对未来解放的承诺。因此福柯说，种族战争的话语，是革命性的，召唤反抗，它是被压迫者、受奴役者的话语，它使权力问题与奴役、解脱和解放的问题关联起来，其最大的价值在于让被奴役者、被压迫者树立自己的独立意识，独立力量，去抗争，去通过不断地对抗来颠覆权力。

---

① [法]福柯：《必须保卫社会》，钱翰译，上海人民出版社2010年版，第57页。

第五章

种族的战争

可惜的是，种族战争话语在 19 世纪发生了变化，种族主义出现了，20 世纪又出现了纳粹式变形，出现了国家种族主义。对福柯而言，种族战争区分于种族主义话语，他要宣讲的并不是种族主义话语，而是种族战争或斗争的话语。种族战争话语是普遍的、抽象的，存在于人类社会发展的一切阶段，或者说在权力运行的一切时代都存在着，它是权力技艺的普遍形式。种族主义或国家种族主义则是特殊的、具体的，是种族战争话语的极端表现形式。种族战争本来有两种表现形式，一种是两个种族之间的斗争，另一种是同一个种族去除内部危险因素的战争。种族主义不再指两个种族外部的冲突，两个集团、两个种族组成的二元社会的主题被生物学的一元社会所取代，它把同一个种族分为上等民族和下等民族，这个种族反对内部的那些对于生物学遗传构成的威胁，它对付另一个种族、下等种族的生物学上的危险，它因此必须进行种族清洗、种族隔离。

在种族主义中出现的下等的、有危险的种族，是具有广泛性的，不仅仅是犹太人，还包括一些"不正常的人"，一种不正常的、不符合规范的个体、团体、集体等。在名为《不正常的人》[①]的法兰西学院的讲课中，福柯认为，"不正常的人"包括三类：即相对于生物种类的形式是例外并构成法律障碍的畸形人（monsre），不服从家庭、车间、街道、教堂的纪律的"需要改造的人"（individu

---

[①] 《不正常的人》根据福柯 1975 年在法兰西学院的讲课整理而成，研究的是在西方历史上"不正常"概念为何会形成。参见［法］福柯《不正常的人》，钱翰译，上海人民出版社 2010 年版，第 264 页。

à corrger），以及"手淫的儿童"（enfant masturbateur）。

而早在最早的作品《精神疾病与心理学》（*Maladie mentale et psychologie*）① 中，福柯就更广泛地指出了这些低等的"种族"。他发现17世纪疯癫的世界变成了排斥的世界，大量的拘留所没有医疗职能，被收容不是为了治疗，而是因为他们无法或不应该再属于社会的一部分。"人们创建（而且是在整个欧洲）大型的拘留所，不仅仅收容疯子，而且还收容一系列彼此很不同的人，至少根据我们的感知标准来说是不同的：人们监禁贫穷的残疾人、悲惨的老人、乞丐、长期失业的人、性病患者、各种放荡的人、一些因家庭或皇权想要避免公开处罚的人、败家的父亲、不守规矩的教士，简言之是一切相对于理性、道德和社会的秩序而言表现出'碍事'迹象的人。"② 这些人其实都是需要被清除出去的"种族"。

这说明，种族主义重新拾起种族斗争话语，却改变了它的形式、目标和功能，种族战争的主题被为生存而斗争的后进化论生物学主题所取代，不再是战争意义上的战斗，而是生物学意义上的斗争，是区分种族的类型，挑选种族的强者，保存最有适应力的种族等等的斗争。国家也不再被看作一个种族反对另一个种族的工具，而被看成是种族完整性、优越性和纯洁性的保护者。种族话语、种

---

① 《精神疾病与人格》（*Maladie mentale et personnalité*）是福柯在1954年发表的第一本专著，在1962年再版时改名为《精神疾病与心理学》。在这本书中，福柯强调了心理学只有在控制疯癫后才有可能成为一门科学，将疯癫的历史置入社会及文化结构中进行探讨。

② ［法］福柯：《精神疾病与心理学》，王杨译，上海译文出版社2014年版，第66页。

族斗争话语本来是反对统治权力的历史话语的武器，现在单一种族话语又回到了服从由国家把持的统治权力的利益，只不过这种统治权力改由医学—规范化技术保证，"以法律转向规范，法学转向生物学为代价；以种族的复数转向种族的单数为代价；以解放计划转变为对纯洁性的考虑为代价，国家的统治权再一次在自己的战略中，投资并重新利用了种族斗争话语"[1]。统治权力的生杀大权在种族主义话语支撑下保留了下来，而且采取的是规范化的、更为正当化的名号。

三 保卫社会

种族战争的话语重新进入统治权力的武器之中，标志着种族主义的出现，也表征着生命权力的出场。生命权力的机制复活了种族主义，种族主义保证生命权力复活了统治权力使人死的特质。"种族主义与国家的职能相联系，后者被迫利用种族、种族的清洗和种族的纯洁来行使它的统治权。通过生命权力，使人死的权利的古老统治权的职能导致了种族主义的职能、建立和复活。"[2] 国家种族主义的诞生是生命权力展示自己的重要表征。正是生命权力的出现，种族主义才有机会进入国家机制层面。种族主义是生命权力实施赖以运用的技术和手段，生命权力利用种族战争的话语来保卫社

---

[1] ［法］福柯：《必须保卫社会》，钱翰译，上海人民出版社2010年版，第60页。
[2] 同上书，第197页。

会。保卫社会是生命权力运作的合法性，保卫社会利用的是种族主义，这是对生命权力与种族主义别样的理解。

福柯提出的问题是，生命权力把生命当作对象和目标，它的主要功能是提高生命的价值，延长其寿命，增加机会，规避风险，或弥补其不足，它真的放弃让人死了吗，真的完全抛弃统治权力的死亡的职能了吗？如果没有，那么权力如何行使杀人的职能呢？如何发布杀人的命令，置敌人以及自己的国民于死地呢？一句话，主要目标是使人活的生命权力怎么可以让人死呢？福柯的答案是，生命权力引入了种族主义。"在国家按照生命权力的模式运转之后，国家杀人的职能就只能由种族主义来保证。"[①] 是种族主义保证了生命权力让人死的职能的发挥。反过来说，种族主义是生命权力的另一面，它让生命权力显示出另一个面向。透过种族主义，才能看透生命权力最具破坏性的一面。

生命权力承担起生命的责任，它就必须要发现威胁整体的人口的生命的危险，必须克服这些危险因素，而这些危险因素就存在于人口内部，最主要的就是以低等的种族、不正常的人群的形式而存在的人口的一部分。生命权力注定不能保证所有人的生命，它必须对整体的人口的生命有所区分，必须把人口看成各种族的混合体，区分出种族内部的等级、好坏，为了保护优等种族乃至保护整个人类的利益，就必须宣告劣等、低等、退化、变态种族的死亡，这样才能使整体生命更加健康，更加纯粹。种族主义引入了断裂的手

[①] ［法］福柯：《必须保卫社会》，钱翰译，上海人民出版社2010年版，第195页。

第五章
种族的战争

段,它决定了应当活的人和应当死的人之间的断裂。用种族主义处死某人、处死他人,这是完全正当的。种族主义给了生命权力杀人的正当动机,其中的根本逻辑就是——如果你要生存,其他人就必须死掉。生命权力的原则是为了活,就必须死,为了自己活,就必须让他人死。

生命权力要保卫社会,必须用种族主义的手法,清除下等种族对社会的生物学上、人种学上的危险。生命权力利用规范化,不符合规范的都是需要被清除的"种族",为什么会有不正常的人,或者说为什么会把不正常的人当成问题?是因为他们是社会的隐患,是社会持续下去的障碍。他们对自然的法律,对社会的法律带来挑战,对家庭、社会带来最大威胁,甚至危害国家和民族生存。精神病学为何从19世纪末作为社会保护的机制和机构发挥作用,只是因为生命权力需要精神病学来确定规范,指认出不正常的人,并改造或清除这些不正常的人。所以,在福柯看来,精神病学事实上可以与种族主义接通,毋宁说它导致种族主义,甚至说它就是一种新种族主义,是针对不正常的人的种族主义,是针对一些个人的种族主义。这应该是福柯为什么一直重视精神病学、疯癫史、不正常的人研究的原因之所在。

种族主义的权力话语是建立在与生物学理论、医学理论、精神病学理论的基础之上的,它从生物学类型上区分种族,它采用的手段不是军事和战争冲突的问题。不同种族之间的关系不是军事、战争或政治关系,而是生物学关系,它消灭的不是政治敌人,而是在人口之内或之外针对人口的危险,它是要消灭生物学上的危险并以此来维系人种或种族的安全。它所采取的方法往往是生物学上的进化论。这种种族主义绝不仅仅是向其他民族的战争，也是向自己的国民发动的战争，当殖民必须要杀人、杀死文明的时候，生命权力就搬出进化论，通过种族主义来做到。大规模的屠杀最合理的依据就是种族表现出生物学上的危险，这个危险要求消灭对立的种族来巩固自己的种族，也要求杀死种族内部的人，疯狂的、变态的、犯罪的，来保证种族的纯粹和再生。正是生命权力的运作，正是保障种族的安全，要求大屠杀。

纳粹就是生命权力机制发展的顶端，没有比纳粹更重视生物学调节。生命权力涉及、伸展到了纳粹社会的每个角落，承担了生物学的、繁殖的、遗传的责任，也承担了疾病、事故的责任。这是对生命权力最根本的反思，如此设想美好的权力带来的结果竟然是屠杀，竟然是最具种族主义的、杀人成性的纳粹国家。纳粹把生命权力普遍化了，也因此把杀人的统治权力普遍化了。管理生命的权力断送了无数人的生命。它把整个人口暴露在死亡的面前，不仅仅要毁灭其他种族，也把自己这个种族置于绝对的和普遍的死亡危险之中。在生物学上安排、保护、保障、培养生命的生命权力，和任意杀人的统治权力有了相同的外延。

纳粹主义对二战期间及其之后的欧洲学者影响太深了，每一个对政治哲学有大的贡献的思想家几乎都从自己的研究视角进入法西斯主义的反思中，福柯当然也不例外，他借助于生命权力理论完成了对纳粹的种族主义的批判。福柯也绝不仅限于反思纳粹，他认为并不是只有纳粹把杀人的统治权力与生命权力机制之间的游戏推向了顶峰，所有的现代国家，包括资本主义国家和社会主义国家，其实都在让这个游戏进入国家。18世纪末和19世纪发展起来

第五章
种族的战争

的生命权力的主题，没有得到现代国家的批判，而是被重新获得，在某些点上发展、移植和修改，生命权力的主要职能，被现代国家以不同的形式重新采取了。借古喻今，福柯绝对不只是在反思历史，而是要直面现实，避免人类社会重蹈历史覆辙。这使他的研究更具有了现实性。

　　福柯生命权力研究很重要的落脚点，让我们去反思已经进步的权力技术为何会带来这样的结局。生命权力担负起对生命的责任，致力于特定空间的物种的群体的存在和发展，为了这一目的，必须排除、消灭、打击"害群之马"，这是最自然而然的逻辑，而就是这种逻辑使杀人的权力最彻底地丧失了控制。福柯借助于生命权力表达的感叹是，滔天罪恶，常源于伟大观念。权力，一半是天使，一半是魔鬼，他越具有天使的面容，也就越有魔鬼的一面。生命权力的罪恶，绝对不是能够从表面上看到的罪恶。福柯提醒我们，生命权力脱胎于统治权力，并没有摒弃统治权力的暴虐，权力只要还是权力，无论它如何进步，它如何宣称践行多么美好的理念，人们都必须保持必要的警醒。这应该是福柯想要我们得到的结论。

第六章

性的操控

如果说规训权力的对象是人的身体，生命权力的对象是人口，规训权力和生命权力共同的对象就是性（le sexe）。性被福柯认为是判断权力技术转变的标尺，也是理解规训权力和生命权力的根据。"性，正好处于肉体和人口的十字路口"，一方面，性作为完全肉体的行为，与身体的规训有关，另一方面，性作为生殖的行为，与人口的整体有关。福柯一生对性有着浓厚的兴趣，但他研究的性，不是性行为、性现象、性实践，也不是性的科学、性的宗教、性的哲学，而是"性经验"（la sexualité）。权力正是通过性经验机制，实现了对性这一人的最隐秘领域的操控，实现了对人的身体的规训、对人口的调节。福柯关于权力与性的关系的探讨，值得细细品味。

第六章
性的操控

一 批判性压抑

福柯专门探讨性的著作《性经验史》① 是从批判"性压抑假说"开始的。这种假说认为，17世纪人类社会在性的方面发生了巨大变化，性行为从开放走向保守，性活动被看成是关于生育的严肃的事情，其他不正当的性活动都应该是被反对的。关于性生活的讨论不再是公开的、毫无顾忌的，不能随便地、自由地谈论。这种性压抑被认为是与资产阶级的秩序相符合的，表征了权力对人性的压制，显示出现代资产阶级社会的虚伪性。人们必须为性的自由而战，必须去摆脱性压抑，摆脱的方式就是自由地去进行性活动，故意地大声谈性，用行动和语言与权力唱反调。

福柯对"性压抑假说"持既不完全肯定又不完全否定的态度，而是强调权力与性的关系绝对不是那么简单，似乎性代表着人的自由，权力代表着对自由的否定。权力不是作为性的对立面、否定面出现，不是外在于性而是内在于性之中。"只要有性欲的地方，那里就会有权力关系，因此，要在权力关系确立之后出现的性压抑中揭示权力关系，只是一种幻想；而探寻权力之外的性欲，则是虚荣

---

① 福柯专门研究性的著作是《性经验史》，其中的第一卷于1976年出版，第二、三卷于1984年出版，虽然被安排在一起，但其主题已经差异很大，第一卷是在权力的技术的框架下探讨性的问题，后两卷则是在自我的技术中探讨性的问题。在《性经验史》第一卷中，福柯并没有明确指出他研究的对象的问题，在第二卷的开篇部分，他专门讲到自己研究的不是一种性行为、性现象、性实践的历史，也不是分析关于性的科学的、宗教的或哲学的观念，而是性经验。

心在作祟。"①权力与性之间总是充满复杂纠葛、亲密互动的。权力并不是那么简单地靠禁止来掌控性，它是更加狡猾地、更加审慎地对待性，它的技术是多样的，不仅仅是拒斥、阻碍、否定和压抑，也有煽动、生产、激活和深化。福柯要表明的是："性压抑永远是更加复杂得多的有关性的政治策略的一部分。事物并不仅仅被压抑。就性这个问题而言，总是存在很多其实并不完备的限定，它们既有消极的阻挠的效果，又有积极的刺激的效果，而且相互平衡。性在19世纪运作的方式，既受压抑，又通过心理学、精神病学这些技术手段的分析，被置于光天化日之下，受到强调，从而表明那不仅仅是一个压抑的问题。"②

压抑性只是权力技术的一部分，而且是相对来说次要的、简单的技术，权力还利用更难的技术，去激活性。17世纪以来的社会不是在语言中限制了性，而是发生了真正的关于性的话语的爆炸。权力煽动着去谈性，它只是在某些人之间、某些场合、某些时间空间、某些表达方式上限制了某些话语，但总体来看，权力采用了多样形式的技术反而让性表达得更多。只看到权力对性的压抑、否定，那是因为还是从统治权力的角度出发，因为只有统治权力才会通过颁布法律规定性活动或性话语哪些是合法的与非法的，只有通过禁止性的法律让性否定自己，控制住性。现代社会不是通过统治权力与法律的方式来管理性的，坚守这种统治权力理论，不可能看

---

① [法]福柯：《性经验史》，佘碧平译，上海人民出版社2005年版，第53页。
② [法]福柯：《权力的眼睛——福柯访谈录》，严锋译，上海人民出版社1997年版，第7页。

第六章
性的操控

到权力与性的真正关系。

必须找到新的权力分析范式，从规训权力与生命权力的积极性、生产性出发。性在19世纪被看成具有战略重要性的领域，被认为如果没有纪律化和规范化，就会出现的后果是，个人层面会被疾病困扰，人口层面则将使后代受到干扰。"我们必须谈论的性不再仅仅是惩罚或者宽容的对象，而是管理的对象。要把它置于有用的体系之中，为了大家的最大福祉而去规范它，让它在最佳状态之中发挥作用。性不仅仅是被批判的对象，它还是被管理的对象，它属于公共的权力，它要求有各种管理的程序，它还必须由各种分析的话语来承担。"[①] 权力因此必须捕捉性，必须把性看成对象和目标。性的重要性已经使社会成为"性社会"，性俨然成为最重要的社会标志。

人们认识到，社会的未来和命运不仅仅是与公民的人数和德行相关，也不仅仅与公民的婚姻规则和家庭的组织有关，而且还与公民们的性有关。性是如此重要，权力不能只是去压制它，必须利用它，用它来显示权力的合法性、正当性，权力利用了性，突出它、引发它、使用它、控制它。不像统治权力以压制、否定性来表征自己，规训权力和生命权力是以激发性、生产性来表征自己。性压抑假说恰恰没有看到规训权力和生命权力的技艺，没有捕捉到它们出场的痕迹。

规训权力和生命权力对性的捕获，采取的是多样性和变动的技

[①] [法]福柯：《性经验史》，佘碧平译，上海人民出版社2005年版，第16页。

术，它利用关于性的知识管理、规范、规训和调节性，从根本上是两种方式，一种是规训，一种是调节。权力采用生命权力的技术与规训权力的技术相结合的策略，"性处于两条轴线的交叉点上，一切政治技术都是沿着这两条轴线发展出来的。一方面，性属于身体的规训：各种力量的建立、强化和分布，各种能量的调整和节制。另一方面，它属于人口的调节，它引起的所有后果都是关乎全局的，于是同时被整合到这两个方面之中。它引起了对身体的无穷无尽的监督、无时无刻的控制、谨小慎微的肢体定位、没完没了的医疗检查或心理检查以及一种微观权力。不仅如此，它还引起了大规模的测量、统计评估和对社会有机体及其各下属集团的干预。性同时是进入身体生命和人种生命的通道"[1]。规训权力和生命权力的结合也正是在性中实现的，两者都通过性，分别作用于身体和人口。性技术的两极，正好对应于身体规训的目标和人口调节的目标。这是权力干涉性、规训身体、调节人口的重要方式，而正是在"身体"和"人口"的连接点上，"性变成了以管理生命（而不是以死亡威胁为中心）的权力的中心目标"[2]。

权力对性坚持的是"双重调节"规则，既有国家层面的宏观战略，也有家庭、学校层面的微观策略。权力对性的探究总是要达到人类生存的最细微的部分，分析个体、规训个体、探寻个体的密码，权力还把人口的性行为作为对象和干涉目标，围绕着鼓励生育

---

[1] ［法］福柯：《性经验史》，佘碧平译，上海人民出版社2005年版，第94页。

[2] 同上书，第95页。

或者反对过多生育的目标和要求，分析出生率、结婚年龄、合法与非法出生、性关心的早熟和频率、提高生育率或节育的方式、单身的后果或者禁忌的影响、节育行为的影响，形成了一整套对性的观察结果，在生物学和经济学范围内来确定性行为及其规定和影响，并力图将夫妻的性行为转化为一种和谐的政治、经济行为的有计划运动。权力正是依靠这些方式、方法和技术进入人的最隐秘的领域之中，权力征服了性，进入性之中，而且也进入身体之中，进入人种的生命之中。

二 建构性经验

权力实现对性的操控，依靠的根本方式是建构性经验。在福柯看来，性经验有三个相关的要素构成，即以医学和精神病学为代表的有关性的知识；依靠宗教的、法律的、教育的、医学的制度建立起来的规则、有关的规训实践；以及个体如何被塑造并主动认识到自己是性经验的主体的方式，或者说个体如何被引导去关注自身、解释自身、认识自身和承认自身是有欲望的主体的实践。简而言之，性经验是由知识领域、规范形态和主体性形式构成的，也就是围绕着性所形成的一套被个体认同的、内化到个体之中的知识、规则、制度、机制的总和。福柯要强调的是，性经验并不是外在于权力，权力就在性经验之中，不要认为存在着属于科学的、中立的和自由的知识的性经验领域。性经验作为术语在19世纪出现，就已经标志着性进入权力的完全操控之中。性经验就是权力的手段，受到权力机制的召唤、揭示、区分、强化和整合。一种性经验的形成，就意味着有权力已经内化到其中。

　　福柯还特别强调了性和性经验的关系。他反对的观点是：把性理解为生物学意义上的坚实的存在，而把性经验理解成意识形态的建构，把性置于现实的一边，把性经验放在观念和幻想一边。福柯的观点是性历史地取决于性经验。性也是被建构出来的，正如生命、人口、身体甚至人这个概念一样，都是权力支配现实人的重要手段。性有生物性的特性，关涉到身体、解剖、机能，但它也有历史性，是以生命为目标的现代权力技术发展的产物，"性是在权力为了控制身体及其质料、力量、能量、感觉和快感而组织的性经验的机制中最思辨的、最理想的和最内在的要素"[①]。性只不过是性经验的机制及其功能认为必不可少的部分，是被权力所捕获的东西。不能假想一种性的自主性，把它作为与权力建构的性经验相独立的领域。正是有了权力技术向管理生命的转向，才有了性经验、有了性知识，才因此有了具有无比重要性的性。

　　性经验机制是与"联姻机制"相对应而被提出的。福柯认为，性经验机制诞生于"联姻机制"，但不同于它，没有放弃它，只是削弱了它的重要性。联姻机制实际上也代表了一种权力的技术，它的中心内容是对合法婚姻和生育力的强调、对近亲婚姻的拒斥和对婚制的规范，对它来说重要的是家庭、是生育。性经验机制的存在理由不是生育，而是以日益细致的方式增加、更新、连接、发明、渗透各种身体，以日益周全的方式控制人口，所以性经验机制的关

[①] [法] 福柯：《性经验史》，佘碧平译，上海人民出版社2005年版，第101页。

第六章
性的操控

键是强化身体，是人口生命的安全。联姻机制是与统治权力的法律技术相关的，采用的是否定性的、单一性的方法，而性经验机制是与规训权力和生命权力的技术相关的，采用的方式是多样的，变动过的。

福柯对两种机制进行了明确的对比："联姻机制是围绕一个界定允许与禁止、合法与非法的规则体系建立起来的；而性经验的机制则是根据权力的各种变动的、多态的和见机行事的技术发挥作用的。联姻机制的主要目标是重新产生性关系的互动，维护管理性关系的法律；而性经验的机制则相反，它永远在扩张各种控制的范围与形式。对于前者来说，它关心的主题是身份明确的伴侣之间的性关系，而对于后者来说，它关心的主题却是身体的感受、快感的质量、十分微妙的或不易察觉的印象的本性。"[①] 联姻机制强调的是生育作为性活动的主要因素，而性经验机制则与强化身体联系在一起，它不再把性的问题看作为惩罚的问题，而是看作为生命和疾病的问题，看作为必须治疗的疾病的问题。它是以管制性及其生育力以确保人口密度、繁衍劳动力、维持社会关系的机制，是一种经济上有用和政治上保守的经验。这种性经验机制与摒弃快感或贬低肉体的禁欲主义无关，而与强化身体、质疑健康及其作用的条件，最大限度地延长生命有关。

福柯认为，性经验机制是从 18 世纪开始发展出来的，当时出现了四种类型。(1) 女人肉体的歇斯底里化，即把女人的肉体看成

[①] ［法］福柯：《性经验史》，佘碧平译，上海人民出版社 2005 年版，第 69—70 页。

性饱和的完整肉体,通过其本身的病理学将其整合到医学实践的领域中,最后将其纳入与社会团体、家庭空间、儿童生活之间的交流之中。母亲的负面形象、神经质女人的问题被提了出来。(2) 儿童的性的教育学化。认为所有儿童都沉溺于或可能沉溺于性行为(主要是手淫)之中,这是自然的但又是违反自然的现象,可能会带来身体的、道德的、集体的和个人的危险,父母、医生、心理学家必须不断看护儿童的性萌芽。(3) 生育行为的社会化或人口的调节。把生育理解成社会的事情,强调夫妇对整个社会集体负有责任,要通过一定手段促进或限制妇女的生育力,国家要对个人和种族实行计划生育,并减少致病的因素。(4) 反常快感的精神病学化或性倒错者的分类。对作为生物的和心理的自主本能的性本能可能被感染上的反常形式进行临床分析,使得性行为正常化或病理学化,为反常寻找矫正技术。

整个19世纪,四种形象即歇斯底里的女人、手淫的儿童、生育的夫妇、性倒错的成人被描绘出来,成为各种认识活动的目标和根据,权力因此找到了渗透到儿童、女人和男人的性欲的策略。这种性经验机制也生产出神经质的女人、性冷淡的妻子、无动于衷的母亲或者受谋杀念头困扰的母亲,性无能的、虐待狂的和性倒错的丈夫,早熟却虚脱的儿童,不结婚或冷落妻子的同性恋男青年等,也就是产生出"不正常的人"。

性经验机制最终走向社会,成为主导的性话语体系,经历了一个从资产阶级到无产阶级的过程。很容易形成的观念是性经验机制是统治阶级压抑其他阶级的一种方式,即在性方面得以完成的阶级剥削,是资产阶级确立的为限制其他人快感的原则。福柯又一次超

第六章
性的操控

出人们的"熟知",他认为性经验机制首先是在享有经济特权和政治领导权的阶级中形成的,资产阶级和贵族的家庭的性首先被关注,下层人民则长期以来避开了性经验的机制,之后才慢慢地渗透其中。原因在于,性经验机制不是有关压抑被剥削阶级的性欲,它是一个阶级的自我肯定,不是对另一个阶级的奴役。"这是对生命的一种政治安排,它不是在对其他人的奴役中,而是在自我肯定中被建立起来的。"① 资产阶级为了关心、保护、培养身体,避免它遭受危险,才发明了性技术,才强调性的身体、感受、快感、健康、寿命在政治上的重要价值。比起其他阶级来,资产阶级更加关心性,它认为健康的身体与增强资产阶级统治权有密切联系。古代贵族证明其身体的特殊性,采用的是血统的方式,而资产阶级的血统就是它的性,就是它的强壮的机体和健康的性经验。

资产阶级利用性经验关心的是给自己一个身体和通过组织这种性经验的机制来确保这一身体的力量、耐力和长久的生殖力,以维护资产阶级的统治权,它力求从性经验中塑造出特殊的身体,它赋予性凌驾于自己身体之上的神秘的和无限的权力,让性为未来的健康负责,对自己的后代负责。无产阶级则长期没有这种性经验,他们的身体和性也没有被关心,他们有保留地接受了性经验机制。资产阶级的性经验在自身的连续变动和转换中,走向了社会所有阶级,走向了现代社会。19世纪开始了性经验机制的普遍化,最终社会集体被赋予了一种性的身体。无法考证,福柯在多大程度上认

---

① [法] 福柯:《性经验史》,佘碧平译,上海人民出版社2005年版,第80页。

同阶级分析法，也很难发现福柯如何认证资产阶级和无产阶级的关系，但可以肯定的是，他的阶级分析法完全是服务于性经验机制的分析的，最多可以称为"性经验机制的阶级话语"。我们肯定福柯把阶级与性关联起来的新意，但他的理论实际上解构了阶级之间的权力关系，否定了阶级之间的性剥削，抹除了人与人之间的阶级划分。他也没有继续阐述，性经验机制普遍化的社会是否还存在不同阶级的不同的性经验机制，是否还存在阶级之间的性的对立，无产阶级成员是否有机会分享资产阶级的性体验等现实问题。

三　激发性话语

性经验机制是权力在激发性话语的过程中形成的。"从18世纪以来，性就不断地激发起一种普遍化的话语亢奋。而且，这些性话语的增多不是外在于权力或反对权力的；而是相反，性话语是在权力的范围之内，作为权力运作的手段起作用的。到处都有各种话语煽动，到处都有听取和记录的机构，到处都有观察、审问和表述的手段。"[①] 现代社会不是把性隐藏起来，而是在强调性是秘密、性是隐私的同时，让人们热衷于谈论性。权力在性上实际上进行着话语生产，让性进入话语的掌握之中。话语的多样化和权力的强化是相统一的，所有这些话语围绕着权力关系而紧密联系在一起。权力打破了中世纪围绕着肉体和忏悔实践组织的单一话语，在人口学、

---

① [法] 福柯：《性经验史》，佘碧平译，上海人民出版社2005年版，第21—22页。

第六章
性的操控

生物学、医学、精神病学、心理学、道德、教育学、政治批判等领域里掀起了话语爆炸。通过这些领域,权力把所有的性进行话语的规划,并不断煽动、摘要、整理性话语,使之制度化,把性纳入多样化的、强制性的话语的网络中。

权力是依靠话语来运作的,它激发性话语,审查性话语,考察谈论性的主体、地点和机构,展示出自己多样的技术,并借此进入最微妙和最个体化的性行为中。福柯指出:"重要的(至少是最重要的)不是去了解我们是否对性说是或否,我们是否宣布禁忌或许可,我们是否肯定它的重要性,或者我们是否否定它的结果,我们是否改变我们用来指称性的词语,而是要考虑我们谈论性的事实、谁在谈论性、我们谈论性的地点和观点、煽动我们谈论性并且积累和传播性话语的各种机构,一句话,就是要考虑全部的'话语事实'和'性话语实践'。此外,重要之处还在于权力是在什么形式下,通过什么渠道、顺着什么话语最终渗透到最微妙和最个体化的行为中去,它沿着什么道路直达罕见的或几乎觉察不到的欲望形式,还有,它又怎样穿透和控制了日常的快感,而所有这一切及其后果又能够既是对性的拒斥、阻碍和否定,又是对性的煽动和深化,简言之,它们具有'多种形式的权力技术'。"[1] 话语是权力对付性的重要工具,权力正是瞄准了"话语事实"和"性话语实践",通过既否定性话语又生产性话语的技术实现了对性的操控。

当然,性话语不能被认为是权力机制投射的简单的表面现象,

---

[1] [法]福柯:《性经验史》,佘碧平译,上海人民出版社2005年版,第9页。

不是所有的话语都是对权力的支持和附属，性话语是复杂的，甚至本身是对立的。它们不可能都一劳永逸地服从于权力或者反对它，在话语与权力之间存在着复杂的和不稳定的相互作用。话语世界本身就有被接受的话语与被排斥的话语，主流话语与从属的话语之分，话语能够同时既是权力的工具和后果，也是权力的障碍、阻力、抵抗和相反的战略的出发点。它承载着权力，加强权力，又损害权力，揭示权力，削弱和阻碍权力。所以，福柯强调权力的话语技术是灵活的、多样的，不是通过话语一致，而恰恰是通过反抗的话语和一致的话语的统一，并利用话语的对抗来运行的。这说明权力给人谈论性的自由，甚至允许抵制权力、反抗权力的自由，现代权力有这种包容的力量，它是足智多谋的，它不是通过同质性的话语，而是善于运用对抗性的话语来实现自己的目的。

福柯发现，18世纪以来性话语的增多不是简单的数量现象，还有质的变化。这种质的变化最根本的表现是权力建构了性倒错话语。性倒错话语被福柯认为是性话语中重要构成部分，是权力干预身体及其快感的真实结果，是权力激发性话语必然采用的技术手段。各种性倒错话语成倍出现，并不是因为性倒错的行为真得比以前多了起来，而是因为权力区分出正常性经验和性倒错经验，性倒错就多了起来。这是权力为正当地进入性、进入身体采用的伎俩。具体而言，18世纪末教会法、基督教教士法、民法这三种法典控制了各种性实践。它们以夫妻性关系为中心，来确定合法的与非法的界限，围绕着性行为做出了各种规定和规则，合法夫妻的性生活被作为规范，而儿童、疯子、罪犯的、同性恋的性经验被追问，破坏婚姻法则或者寻求奇特的性快感受到谴责和监督，那些淫荡行为

第六章
性的操控

（婚外性行为）、通奸、诱骗、精神的或肉体的乱伦、鸡奸等行为被视为违反自然、违反法律、违反道德的极端形式，是需要被谴责、被矫正的行为。

权力正是靠这种性倒错而进入人的身体，合法地干涉人的身体，它不把性倒错当成待消灭的敌人，不是禁止、规避性倒错，而是利用性倒错作为详尽说明个体的方式，进入个体之中，它要求性反常成为可分析的、看得见的和永久的存在，对每个反常性经验进行详尽说明，并让它成为分类和理解行为的原则。性倒错是权力插入性之中的策略，是权力对付个体的方式，是权力形式干预身体及其快感的真实结果，因为只有性倒错才能更容易、更明显地被话语和社会机构所控制。正是通过夸大性倒错，权力进入性的身体，检查、观察、注视身体。福柯借此用性倒错对资产阶级社会进行了批判，认为19世纪的资产阶级是一个明显性倒错的社会，是性倒错行为激增的社会，是利用性倒错进行规训与控制的社会。

对福柯而言，没有所谓的性倒错或者说性变态，一切都是权力技术演变的结果，这一点无疑让人难以接受，更让人不可理解的逻辑是，福柯也否定了通过不受规范的性行为来表明摆脱权力、获得自由的做法。按照他的逻辑，权力通过确定性经验规范来操控人的性，那么反抗权力的方式就应该是通过反常的性经验，通过不受规范的性行为。难道性变态不是客观存在吗？难道这些反常的性行为不应该被批判吗？至少现代社会的现代人已经没有办法理解用反常的性行为去反抗规制、追求自由的观点和态度。当面对现代社会因为性变态到导致的性受害者、被性侵者日益增多时，我们硬要说是权力界定了性倒错，是权力为了对付人们而将其称为变态，恐怕难有说服力。

　　福柯又强调了，权力充满狡猾的伎俩，它用性话语做掩护，利用了反常的性经验，通过对性倒错的强化和引进，通过宣称性反常的危险性，宣称奇特的性快感之后的死亡来实施，进入人的身体和人的行为之中。所以无论是正常的性还是反常的性，只要是进入性话语中的性，那就是不再属于人的性，不再是自由的性，而是被权力所操控的性。这样的话，任何关于性的行为的努力都是白费的，都注定不可能实现人对自己性的自由的掌控，都注定被权力的技术所利用。问题的关键就是，还存在没有被性话语所囊括的性吗？还存在没有被规范的性吗？还存在专属于个人、不为人知的性吗？

四　探究性真相

　　权力的性经验机制，还借助于性科学的建立。福柯发现，不像中国、日本、印度、罗马等许多社会的文明都有"性爱艺术"（ars erotica），西方社会则是流行"性科学"（scientia sexualis）的文明。性科学不同于性爱艺术的是，它的旨趣不是为了获得快感而是为了揭示性真相，它要求根据纯洁的和中立的科学观点谈论性。它本质上服从于道德律令，把性放在生物学、性医学的知识中，实际上却拒绝认真观察性的事实，而只是针对性建立起一个规模庞大的展示真相的机器，关注性的偏差、倒错、特殊的反常、病理学无法对付的障碍和严重的病态。也就是说，性科学并不真正关注人的性活动，只是通过确定所谓的非科学的性行为来关注人的性真相。

　　性科学得以形成的前提，就是强调性不仅仅是获取快感和享受

第六章
性的操控

的手段，不仅仅是种族、家庭个人进行再生产的手段，它还是人类主体的真理藏身的地方，是判断个人本质的重要标准。从人的性中，可以看出他的身体，他的理性，他的身份，可以窥探出他所有的秘密。而且，性是所有事情的原因，性行为中最隐秘的事情能够引起各种各样的结果，带有无穷无尽的危险，必须了解性、认识性、说出性才能解决问题。"性不仅仅是有关感受和快感、法律或禁忌的事情，还是有关真实与虚假的事情。性的真相成了本质的、有用的或危险的、珍贵的或可怕的东西。简言之，性已经被构成为一种真相赌注。"[①] 性不仅处在是错误与罪恶、过度或违禁的范围之内，还处在正常与病态的规范体制之下，性行为容易发生病态，是容易受到病理过程感染因而要求治疗或规范的领域，必须对其干预。性变得比精神和生命还重要，似乎一切世界之谜与性的秘密相比都微不足道。正像以前人们赋予爱崇高的价值，现在则赋予性同等的最高级对待。

性的真相如此重要，因此必须探究性真相，性科学则利用了人们对性的认知意志。它让人们不断去探索性奥秘，把性研究透，以认识人自己。"在创造'性'这个想象的要素的同时，性经验的机制产生了它最本质的内在功能原则之一：这就是对性的欲望——拥有它、接近它、发现它、解放它、用话语谈论它、阐明它的真相的欲望。它使得'性'本身成为一种值得追求的东西。正是由于性值得追求，使得我们相信在对抗所有的权力，确认我们的性权利，而

---

① ［法］福柯：《性经验史》，佘碧平译，上海人民出版社2005年版，第37页。

实际上我们却被纳入性经验的机制之中，它从我们的心底燃起了性的幽光，它像一种幻想，使得我们相信认识了我们自己。"① 而实际上，权力也就是利用了人们对性的欲望和认知意志，权力就怕人不想去探索性，不想去拥有性，因为人越是想要认识性，越是陷入权力的诡计之中。为什么要从性中求真，是因为只有求到真，权力才可以操控性，人对性的认知意志，这其实也是权力所要求的求真意志。必须说出真相，把在性活动中隐藏很深的真相说出来。这就是权力对性的技术，这比激发性话语更为有用，是激发性话语的补充技术。权力通过求真意志，实现了对人最隐秘的领域的控制。性的真相的展现，标志权力才真正浸透到性之中。

为了探究性真相，权力沿用了传统的坦白形式。坦白在福柯看来是西方最受重视的展现真相的技术之一，一直都是支配真实的性话语产生的基础，西方社会实际上就是特殊的坦白社会。不过，坦白在历史进程中往往是通过基督教的忏悔方式表现出来，直到18、19世纪，这种忏悔才开始突破宗教领域，向人们的社会生活传播，进入儿童与父母、学生与教师、病人与心理医师、犯人与专家等一系列的关系中，形成了一种"科学—坦白"（une scienceaveu），一种依靠坦白仪式及其内容的科学，以强迫为前提的以坦白说不出口之事为目标的科学。它通过让人开口说话的临床规范，把忏悔与检查连接起来，把审讯、调查表、催眠与重复回忆、自由联想连接起来。古代坦白的方法转变成科学话语的规则，强制忏悔的独特仪式

---

① ［法］福柯：《性经验史》，佘碧平译，上海人民出版社2005年版，第102页。

第六章
性的操控

转变成了教育学、医学和精神病学的科学仪式。

西方人变成了坦白的动物，一直坚持全部坦白自己的性事这一目标，他们不仅仅忏悔违反法律的行为，还要自我坦白或向他人坦白与性相关的快感、感受和思想，说出来自己的全部欲望。因为性中有连坦白者自己都不知道的秘密，自己不了解的真相只有通过听取坦白人的分析和解释才能完全表现出来，因此要通过解释坦白才能了解真相。坦白不是要建立一种普遍的性理论，而是分析、计算、分类和举例，用科学的形式、程序构成性坦白的强制要求，也就是说，对性的坦白，不再是从道德神学的角度进行，而是从统计的角度，从生命的角度来进行的。坦白因此是权力展现自身的仪式，因为坦白的说话对象及其对话者正好构成权力关系，后者督促坦白、强迫坦白、鉴定坦白和介入坦白，成为评价、惩训、原谅、安慰和调和坦白者的权威。权力借助于这种坦白得以细致考察性的各个方面、关系和影响，乃至最细微之处。

福柯的总结是，在18世纪发展起来的资产阶级的、资本主义的或工业的社会并没有从根本上拒绝承认性，而是使用一套机制来产生有关性的真实话语，它不仅强迫每个人谈论性，而且要求有条理地说出性的真相来，它不仅把性看作快感结构的构成要素，而且还要将其整合到秩序井然的知识体制中。福柯所揭示出来的，就是人的性如何通过性经验、性话语、性真相的生产进入权力的技术之中，权力如何悄无声息地进入人的最隐秘的领域之中，如何打着生命健康、人口繁殖的名义征服了性的主体。性不再属于人，不再是关涉人的自由、人的隐私的事情，它早已经被征服。现代人就生活在性自由的幻象中，就生活在要从性中获得无人干预的快感的想象中，实际上却被一种外在的并转化为内在的观念、知识、科学所俘获。人们在性这一最隐私、最独立化的领域真的摆脱权力、获得自由了吗？根本没有，这是福柯最终的结论。

福柯无疑提供了一个新的思考现代人的性的视角，也有力说明了性问题成为社会公共问题的根源。公共权力确实早就介入性问题中，比如计划生育问题、卖淫问题、艾滋病问题、同性恋问题、色情问题等，这确实是生命权力出现的表征。必须强调，权力对性的介入并不代表就是压制性，可能是为了更好地开展性，只是它隐藏着另外的可能性，那就是干涉人的性自由，暴露人的性隐私。其实，这种干涉与暴露有时候也是必要的，不可能有完全的性自由、绝对的性隐私，尤其是当这种性自由会侵犯别人的尊严、触犯社会的法律规范的时候，比如说卖淫、色情等。福柯提醒的只是，现代人的合法、合理、正当的性自由、性隐私，不要被生命权力以维系生命、保卫社会的名义所侵犯。也要看到，关于权力与性的关系，生命政治学提供的是一个关于性的宏观分析，微观的个人的性是否如此，还应具体去看，至少现实生活中的人，可能不会在自己的性事中看到权力的技术，他们依然会认为性是最隐私、最自由的领域。这样的感觉和认识，并不影响福柯生命政治学的结论。

第七章

治理术的诞生

治理的技艺（art de gouvener）或治理术（gouvernementalité）是福柯生命政治学中的重要范畴。在为一本书所写的附录中，福柯强调，权力从根本上说是治理的问题，理解权力最好从治理着眼。福柯把生命权力与治理术放置在同一问题域之中，开始于法兰西学院的讲课《安全、领土与人口》（1977—1978），并在《生命政治的诞生》（1978—1979）的讲课中延续下来。他并不是想用治理术研究来代替生命权力研究，而是从治理术的角度揭示生命权力何以出现以及如何运作。走进治理术理论，是弄清楚生命权力理论的必要步骤，也是思考生命权力本真旨趣的关键线索。

一 从统治到治理

经过福柯的考证，西方关于治理术的话语流行起来是在16—18世纪，当时出现了"自我的治理""灵魂和行为的治理""儿童的治理""家庭的治理""病人的治理"等话题，致力于分析如何自我治理，如何接受治理，如何治理他人，应当接受谁的治理，如何才能成为最好的治理者等问题，这些治理是在非常宽泛的意义上被理解的，主要指对他人的行为可能性领域进行有组织的活动，让他人形成固定的、一致的行为模式。也正是在这个阶段，治理开始具有严格的国家内涵，获得政治含义，开始涉及政治结构和国家管理的问题。真正的治理术理论瞄准的应该是国家权力运转的方式，治理技艺是权力对人的治理方式，指导人的行为的技术和程序，它关注疯人行为、病人行为、犯人行为和儿童行为，也关注政治经济、社会整体的管理等现象。

这种具有国家内涵和政治含义的治理术在18世纪以前，在广度和深度上都是有限的。原因在于，这个阶段的权力分析所围绕的中心还是统治权力，治理术实际上受到统治权力形式的阻碍。福柯认为，"只要统治权还是一个核心问题，统治权行使的优先性（同时作为一个理论问题和一个政治组织原则）就还是阻碍治理艺术的根本因素。只要统治权是一个主要问题，只要统治权制度还是基本制度，只要权力运用还是在行使统治权的范围内反思，治理艺术就

第七章
治理术的诞生

不可能以一种特殊的、自主的方式发展"①。只要统治权力还是核心问题，统治权力制度还是基本制度，治理艺术就不可能以一种特殊的、自主的方式发展，因为统治权力是强调统治（règne）的，是注重命令（commander）的，它并不必然需要治理。真正的治理，是与去除至高无上的君权或统治权力为条件的，如果还有不受约束的统治权力，就没有真正的治理。

在福柯看来，统治与治理有着本质的不同，统治的目的是君权或主权，统治要求所有臣民无一例外都遵循法律，遵守既定秩序，服从主权。马基雅维里并不是真正地在谈治理术，他的《君主论》首要的、直接的是保护君主与臣民、领土之间的君权关系，权力的目标是君权的维系，权力的对象是领土以及居住在这片领土上的居民。治理的目的是多样的，比如保证生产出尽可能多的财富，给人提供尽可能多的生活物质，保证人口的增长等。与治理相关的对象不是领土，也不是臣民，是由人和东西构成的复合体，治理的对象是人，是与财富、资源、物质、领土这些东西关联和交织在一起的人，是与饥荒、流行病、死亡等事故和不幸这些事关联的人。

统治权力通过法律来实现其目的，所运用的手段是法律、法令、规章这些传统的武器。治理使用的工具是多种多样的策略，法律不是主要的工具，治理的目标也不是通过法律就可以达到。"对于主权来说，能使它达到它的目标（即遵循法律）的手段，就是法律自身；法律和主权绝对不可分割。而对于治理来说，问题并不是

---

① ［法］福柯：《安全、领土与人口》，钱翰、陈晓径译，上海人民出版社2010年版，第86页。

把法律施加于人，而是处理东西，运用策略而不是法律，或者把法律用到极限，使它也变成一种策略；采用一些特别的手段达成这种或那种目标。"① 治理的技术更加灵活，更加强调策略，不像统治权力那样死板、抽象、僵化，它运用策略。法律也是策略，使用或不使用法律也是策略，法律成为工具。

　　治理是和统治有明显区分的权力技术，但治理艺术的出现不代表统治就不再发挥作用。不能把统治与治理术完全割裂开来，似乎有了治理术就不再有统治术一样。治理术只是表明国家主权的运作采用了新的权力技术，以国家的政治权力为代表的统治还是存在的，治理艺术的提升恰恰有利于统治权力的巩固。可以说，国家主权或政治权力或统治权力采用的形式包括法律与治理两种，它一方面用法律来做原则性的规范，一方面用治理来灵活地寻求合法性资源。可见，福柯实际上还是要讲清楚存在着权力的不同技术，不同的权力形式，统治与治理的不同就在于，统治是统治权力的统治，而治理是生命权力的治理。他是要说明，通过治理术，权力不再作为社会和个人的外在的力量，而是逐渐内化到社会与个人之中。

二　治理术如何诞生

　　治理术受到统治权力的束缚，本来一直附属于统治的权力技术形式，直到18世纪才随着人口问题的出现找到了新的出路，在西

---

① ［法］福柯：《安全、领土与人口》，钱翰、陈晓径译，上海人民出版社2010年版，第84页。

第七章

治理术的诞生

方社会逐渐占据突出地位，形成了一系列特有的装置和一整套知识。因为，人口问题需要新的技术、新的知识来介入，治理无疑是最好的方式。人口的现象成为一种现实，人口的效果不能化约为家庭的个别现象的简单相加，更不能用传统的法律主体、道德主体的集合体来概括，它有自己的规律，有它自己的死亡率和发病率，它让依靠法律、命令来统治的统治权力显示出无能。也就是说，人口的独特性及其特定的经济后果克服了治理艺术的障碍，成就了治理术，使治理最终得以在统治权力的法律框架之外被思考、反思和计划。

治理术因人口问题的出现而出现。治理的作用对象是人口，达到目标的手段是寻求人口内在固有的规律。人口的利益，即改进其状况并增加财富，延长生命，提高健康水平，成为治理的最终目的。福柯多次强调，人口的问题真正把治理问题推出来，治理问题实际上是关于人口的生命权力的扩展分析。人口问题的出现，安全机制的重要性，促使生命权力采用治理的技术。"治理术"就是由制度、程序、分析、反思、计算和策略构成的总体，它保障生命权力这一特殊而复杂的权力形式得以实施。人口对应于治理，治理必须保障人口的安全。"人口—安全—治理"因此成为对应的系列。生命权力形式的目标是人口，主要手段和方式是安全配置（dispositifs de sécurité），主要知识形式是政治经济学。福柯进一步论证了生命权力的到来，通过惩罚的历史、性经验的历史、治理术的历史，福柯指向的都是同一个结果，那就是生命政治的出现。

福柯对政治经济学的理解很有意思，它被认定是权力技术发生变化而出现的知识形态，是在对人口的治理成为重要目标的时候才出现的。政治经济学从根本上说针对人口，服务于治理，是对人口、领土、财富之间的关系所构成的新型网络的认识。政治经济学的目标是国家富有，但它强调对国家政治权力的内在限制，它不思考法律权利，不探讨先于治理术运转的自然权利，不寻求通过法律依据来治理，不思考治理是否合法，它思考治理实践本身，强调治理不能脱离自然法则，关注治理能否产生实际效果。政治经济学可以说就是为治理术而生的，治理、人口、政治经济学，自从18世纪开始构成坚实的系列，连为一体。没有人口，没有治理，就没有政治经济学，政治经济学就是治理的知识形态，这无疑是对政治经济学的新判断。

治理成为最重要的权力技术，也并没有消除规训权力的技术。因为对人口的治理不仅仅只意味着关注集体的、大规模的现象以及这些现象的总体效果层面，它还意味着要关注治理的深度和细节，对人口中的个体现象进行分析，规训技术因此也有极高价值。人口治理因此也使统治权力变得更加有效，使发展规训的必要性变得更加迫切。福柯提醒，"我们绝对不应该把这个问题理解为：规训社会取代了主权社会，然后治理社会随之又代替规训社会。绝非如此。实际上有一个统治权—规训—治理的三角，其首要目标是人口，其核心机制是安全配置"①。显然，这个"统治权—规训—治理"的三角中的治理用"生命权力"来代替并无不妥，福柯只是用"治理"替换了"生命权力"，一定意义上说，治理术就是生命

---

① ［法］福柯：《安全、领土与人口》，钱翰、陈晓径译，上海人民出版社2010年版，第91页。

第七章
治理术的诞生

权力的技术，治理术的出现同时表征着生命权力的出现。

三 治理的合理性

千万不要以为福柯要研究具体的治理术，研究如何去治理的问题。福柯并不关注现实的治理实践，不研究如何治理的方式、技术，他研究的是治理术的历史，是历史中曾经出现的治理的理由或治理的合理性，即治理是基于什么名义、围绕什么口号、以什么样的理由来进行的，确切说是研究"为了以尽可能好的方式来治理，人们以何种方式建立起治理实践的领域、它的不同对象、它的一般规则、它的整体目标"[①]。

治理总会寻找理由，寻找合理性，在不同的历史阶段，治理的合理性或理由总是不同的。权力也需要建构不同的概念、范畴、范式来不断寻求治理的合理性。福柯强调，研究治理技艺，就要排除一些原初的普遍的概念，如统治者、主权、人民、臣民、国家、市民社会等，不要认为这些概念是客观存在的，是始终存在的，因为这些概念只不过是权力治理技艺的演变而建构出来的概念，是服务于权力的治理的，是治理在不同阶段找到的不同的理由。

福柯主张从权力的治理术出发去探讨国家问题。不是先有了国家，才有了治理。国家不是不证自明的历史—自然存在物，好像本来就存在着，国家没有本质，不是一种从自身得以发展的、强加给

---

① [法] 福柯：《生命政治的诞生》，莫伟民、赵伟译，上海人民出版社2011年版，第2页。

个人的一种自动的机制，它只是一个多重治理术体制所带来的可变结果。国家只是权力的治理合理性的手段，在特定时间、特定条件和形式下，它才开始进入人们有意识的实践中，变成人们认识、分析、设想的对象。

国家是被建构出来的，是权力的治理建构出来的。福柯别有特色地讲述了国家的出场史："国家并不是历史中冷酷的怪物，一直不停地增长、发展，像一个威胁公民社会并凌驾其上的有机体。要展示出，一个公民社会，或者简单地说，一个从16世纪起被治理化了的社会，如何制定了某种既脆弱易碎、又挥之不去的东西，而这个东西就叫作国家。国家只是治理横生的枝节，治理并不是国家的工具。"①

这种理解无疑是令人难以理解的，似乎治理不是国家的工具，国家才是治理的工具。别忘了福柯是权力哲学家，权力对他来说，是在没有国家的时候就存在的。权力是能动的主体，是不断运作的主体，这个权力主体采用治理的方式来运作，为了更好地治理，权力发明了"国家"的概念，权力的治理生成了国家，使治理更加有效，更有合法性。这其中有福柯的权力本体论的预设。这一论断最大的寓意是重要的不是国家，不是去恐惧国家，患上国家恐惧症，重要的是关注权力的技术、权力的治理术。

要强调的是，福柯的治理术理论是对已经出现的一切治理术的批判，他用独特的视角来直面治理术的本质问题，虽然看似客观描

---

① ［法］福柯：《安全、领土与人口》，钱翰、陈晓径译，上海人民出版社2010年版，第218页。

述，实际上却直指权力如何找到更被容易接受的技术实现对人的治理和操控的现象。正是这种治理术的批判，对治理本身的合法性、合理性和正当性的探讨，能够透露出他所说的"对可能的最好治理方式的反思"。以对治理术的客观描述的语气，暗指治理术背后的合理性问题，思考更好的治理的方式和路径。这是福柯研究治理术的独特视角。

四 治理术的历史实践

通过揭示治理合理性的演变过程，福柯重新勾勒了西方国家的发展历程。16世纪之前，治理技艺提出的问题是是否和如何按照道德律、自然律和神律等律法来治理？权力采用的治理方式是单一的，它依赖治理者的智慧，依赖治理者对神律和人律的认识来治理。这个阶段的国家（中世纪的国家）被福柯称为"司法国家"（état de justice），对应的是法律（习惯法或成文法）社会。

16—17世纪，权力根据考量，对军力、关系、财富、实力因素的考量来治理，治理技术学的现代样式开始出现。这种合理性首先表现为国家合理性，即基于"国家理由"（ratio status / rasion d'Etat）的治理，这种治理提出的问题是，为了使国家力量最大化，是否足够强化、足够深入、足够细致地来进行治理？这种治理技艺因此是以国家的合理性为准则的治理技艺，这个阶段的国家被福柯称为"行政国家"（état administratif），对应的是管制社会和规训社会。

18世纪以来也就是现在的治理技艺提出的问题是，是否符合事物的自然秩序和自然限度？是否在一定的界限内治理，有没有过

福柯的生命政治学图绘

多或过少的治理,有没有在最大和最小之间的合理限度内治理?它不再以地域和领土来界定,而是以人口来界定,它参照和利用经济知识作用于人口。这种治理技艺是以被治理者自身的合理性为准则的治理技艺,这个阶段的国家则是"治理国家"(état de gouvernement),对应的是由安全配置加以控制的社会。

"治理国家"最强调治理,它充分认识到治理过度的危险,充分考证如何治理才正好。这种治理术不再是做道德考量,而是做真假考量,通过所谓真理的话语来治理。它不是依据法律、律法或道德原则,而是依据真理体制,"不是真(vrai)主宰了政治,而是某种真理体制(régime de vérité)在政治中形成自己最重要的雏形"[①]。福柯要说明的是,不是说在治理技艺中一切都得到科学的论证,治理完全符合客观规律,而是说人们的治理往往是在真理的名义之下进行,治理者总是把治理行为说成是有真理依据的,并论证自己的治理是符合客观规律的。

福柯再一次补充,以法律为准则的治理技艺,以国家的合理性为准则的治理技艺,以被治理者自身的合理性为准则的治理技艺,正是三大典型的治理技艺。任何一种治理技艺都没有在当代的"治理国家"中消失,反而被有机地糅合到一起,法律、国家、人口成为治理的关键词。权力以律法、公平、真理为追求,对人的治理既有了合法性,又有了正当性。权力正是依靠治理的理由的不断完善,治理的理性的不断成熟,悄无声息地进入人的日常生活中。

---

① [法] 福柯:《生命政治的诞生》,莫伟民、赵伟译,上海人民出版社2011年版,第15页。

第七章
治理术的诞生

值得注意的是，福柯认为马克思主义终究也是一种类型的治理术，这种类型的治理术不基于个人利益的理由来治理，而是基于历史真相和客观规律的理由来治理。问题只是现实存在的社会主义国家一直没有找到社会主义的治理理由，"社会主义所缺少的不是一套国家理论而是一个治理理由，所缺少的是对社会主义中的一个治理合理性的界定，也就是对治理行为的目标和样态之范围进行合理的、可计算的衡量"[①]。不存在社会主义内在固有的治理合理性，不存在自主的社会主义治理术，这个论断显然是过于绝对了。不过其中可以提供的启示是，找到不同于自由主义的独立的治理合理性，打造严格的、内在的、自主的社会主义治理术，应该成为继续追求的目标。

[①] [法]福柯：《生命政治的诞生》，莫伟民、赵伟译，上海人民出版社2011年版，第76页。

第八章

羊群的牧领

考察治理术的历史，福柯有着惊人的发现，那就是现代西方的治理术来源于一种可以被称为"牧领权力"（pouvoir pastoral）的观念和组织形式。①福柯创造出这一术语并花了很大的笔墨去探讨它，不是偏离了生命权力的主题，而是用独具风格的形式讲述了生命权力的"前身"②。牧领权力不仅蕴含着现代治理术的胚胎，而且还是生命权力的原初形态。透过福柯的牧领权力理论，我们可以看到生命权力的运作机理，更加理解生命政治学的当代批判意义。

---

① "pouvoir pastoral"有牧师权力、牧民权力、牧领权力之译法，本书统一译为"牧领权力"。福柯论述这一范畴的文本主要有三个，一个是1978—1979在法兰西学院的讲课稿《安全、领土与人口》，一个是1979在斯坦福大学所做的名为《"全体与单一"：走向政治理性批判》的演讲，一个是福柯为1982年出版的著作《米歇尔·福柯：超越结构主义与解释学》所写的附录。

② 在《安全、领土与人口》中，福柯将课程总体定位为对生命权力的研究，但在讲课过程中，他却改为研究"治理术"的历史。在第五次课中，他开始了对牧领权力的讲解，而且相关内容占据了本年度课程超过三分之一的时间。这无疑会让部分研究生命权力的读者感到不可理解，而得出福柯再一次跑题的结论。

第八章
羊群的牧领

一 牧领权力的原初观念

在古希腊和罗马占主导地位的是一种城邦或领土的权力,这种权力其实就是君主权力或政治权力,它的技术以君主与臣民、公民的关系为基础,关注的是君主如何采取更有效的方式统治特定地理空间中的臣民、公民的问题。牧领权力的观念并不原产自西方世界,而是来自于前基督教时期和基督教时期的东方世界,主要是埃及人(les Egyptiens)、亚述人(les Assyriens)、希伯来人(les Hébreux)的社会。牧领权力是一种独特的权力技术和对人的治理模型,它的理念是把上帝、君主、政治家即权力拥有者看作为牧羊人,把普通人即权力实施的对象看作为羊群,把权力拥有者和权力实施的对象的关系看作为牧羊人和羊群的关系。

根据福柯的描述,我们可以概括出牧领权力的三个典型特点。

第一,牧领权力不是在特定的领土上行使权力,而是作用于运动中的复杂多变的人群(羊群)。城邦中的君主或立法者总是特定领土中的君主,它作用的直接对象是领土,城邦权力的运行不直接作用于人,而是通过在领土上的立法来作用于人。牧领权力所作用的直接是复杂的群体,它的目的和对象是统一的,就是人群,正如牧羊人的职责是直接集合、引导、带领他的羊群。牧领权力代表治理的出现,是因为它把权力作用的领域从领土带回到人上面,它是之后以人口为治理对象的生命权力的原初形态。但它还不是真正的治理,不是现代意义上的治理,还停留在统治权力的范围之内。

第二,牧领权力是一种善意的、关切的权力,而不是通过暴力、威胁、恐怖等恶的手段来实施的权力。牧羊人唯一的目标就是拯救羊群，他唯一的理据就是行善、诚意、付出和无穷尽的勤勉，他不仅要在危险来临的时候拯救所有的羊，而且还要坚持始终如一的终极的仁慈，关注羊群的食物，关注它们的饥渴、肥沃的土地和充裕的谷物。牧羊人行使权力是一种义务，这种义务也是一种荣耀，牧人式的仁慈更接近于献身，他所做的每件事都是为了羊群的福祉，他存在的唯一价值就是照看羊群，他时刻准备着为了羊群的获救和生命而献身。以这种牧领权力为前身的生命权力，实际上也同样要坚持善意，坚持服务于整个整体人口乃至全体人的利益为旗帜，它不是通过让人死来显示自己，而是通过让人活来展现力量。

第三，牧领权力是一种个体化（individualisant）的权力，而不是只针对全体而忽略个体的权力。这种个体化的权力体现在两个方面，一方面，牧羊人是个体的，他是不可或缺的、最具独特性的个体。没有牧羊人，就没有羊群，羊群与牧羊人有不可分割的人身依附关系。另一方面，牧领权力的对象本身是个体化的，牧羊人不仅要率领整个羊群，对羊群了如指掌，还要照顾羊群中的每一只羊，对羊群中的每一只羊都给予个别的关注，清楚每一只羊的特殊需要，保证每一只羊都能够得到喂养和救护，甚至为了一只羊可以牺牲全体羊群。这就是"牧羊人悖论"，为了寻回一只丢失的羊而使整个羊群迷失，为了个体而丧失全体。这确实是牧领权力的独特之处。福柯认为，牧领权力技术与现代权力技艺进行了整合，并在针对人口的技术中解决了这个悖论，也就是说，以生命权力为主要内容的现代权力技艺既是个体化的权力，又是全体化的权力，它既指向全体，又指向个人，并非为了整体而忽略个体。

第八章
羊群的牧领

在《安全、领土与人口》的讲课中，福柯总结了牧领权力技术的三个主题。一是拯救，即牧领权力的根本目标是引导个人和团体走上拯救之路，确保个体在来世获得拯救。二是律法，它强调个人和团体为了得救，必须被监视，必须服从上帝的命令和意愿。三是真理，人们只有在讲述、接受和相信某种真理的过程中才可能祈祷救赎。人们必须敞开自己的内心，展示自己的灵魂，吐露内心深处的秘密。简单总结说就是，牧领制度与拯救有关，与律法有关，与真理有关；牧羊权力引向拯救，发布命令，寻求真理。

在福柯看来，这种牧领权力在西方一直是被忽略的。古希腊和古罗马的政治文献很少涉及牧羊人和羊群的隐喻，只有柏拉图在《政治家篇》中曾探讨过这个主题。在界定何谓政治家的时候，柏拉图以对话的方式做出了几种区分，即对无生命的事物发出指令的人和对动物发出指令的人，对单个动物发出命令的人和对一群动物发出命令的人，对牧群发出命令的人和对人群发出命令的人。政治家应该是对人群发出命令的人，应该是人的牧人。牧羊人任务的主要特征是独自一人带着他的牧群，给牧群提供食物，生病时关怀他们，演奏音乐召集引导他们，安排他们交配以获得最佳后代。

这个定位是柏拉图把君主与臣民的关系界定为牧羊人与羊群关系的最好证明，只是柏拉图很快又偏离了牧羊人的主题。因为他认为这些任务不仅仅是由政治家来完成的，而且还是由农民、医生、教育家来完成的，因此，农民、医生、体育官和教育家都在扮演牧人的角色，很多人都可以正当地自我宣称"人的牧人"这一称号。政治家并不是取代神的位置成为牧人，他的任务是为城邦编织一块坚固的织物，将人集中在一个以和睦和友谊为基础的共同体中。他

福柯的生命政治学图绘

不可能总是有时间到每一个人的身旁，关注每一个人，这项工作只有上帝才能做到。政治家的任务因此不再是养育一群人的生命，而是在于建立和保证城邦的统一。令福柯惋惜的是，柏拉图就是这样与牧领权力的主题擦肩而过，而他本来是可以在西方起到开创作用的，是可以成为牧领权力的最初发现者的。

《政治家篇》的牧人主题的价值是，区分了两个问题，一个是政治的问题，一个是个人生活的问题，"政治的问题是在城邦和公民框架内的一与多的关系问题。牧师的问题和个人的生活有关"①。这正是政治权力和牧领权力的差别，政治权力在国家这个统一的法律框架内运作，将多元的个体统一起来，牧领权力则持续瞄准个体，确保、维持、改善每个人的生活。牧领权力与政治权力是分开的，两者保持着自己的特殊性和独特形象。而且这两种权力处在不同的地位，前者被强调，后者则被忽略，被认为不存在于政治领域。

福柯看到的是，在现代西方国家，施加于特定领土法律主体上的政治权力与施加于活的个体之上的牧领权力，经过大量调整、相互影响、相互支撑，实现了有机的结合。因此，有必要在分析现代权力技术中重新思考牧领权力。通过知识考古学，福柯重新挖掘出这种被遮蔽的权力技术。这种牧领权力确实颇有特色，对传统政治哲学的权力主题来说是陌生的。如果存在着牧领权力，它也一直只是局限在宗教领域，福柯则试图把它拉回到世俗的国家政治哲学中，

---

① [法]福柯：《"全体与单一"——走向政治理性批判》，《生产》（第7辑），江苏人民出版社2011年版，第14页。

作为思考现代权力技术,尤其是他所说的生命权力技术的重要工具。

二 基督教的牧领制度

牧领权力的观念通过基督教会的中介引入西方世界。基督教社会最强调牧领,它确立了上帝及其使徒的独立的、唯一的牧羊人地位,把牧人与羊群的关系看作为根本性的、覆盖所有其他关系的关系,并通过法律、规则、技艺和程序使牧领权力的主题固化为明确的机制,构造了复杂的、严密的、密不透风的制度网络,创建了引导、指引、带领、率领、控制和操纵人的技术和方法整体。

福柯强调,"宗教的权力就是牧人的权力",基督教的实施就是牧领权力的技术的具体展现,他有一段很精辟的总结:"教会的整个组织,从基督直到修道院长和主教,都是以牧领为职责。教会的权力,我想说的是,这些权力都是作为牧人相对羊群的权力组织起来并加以合法化的。圣餐呢?这就是给予精神食粮。这个权力通过忏悔使离群的羊得以回归。审判的权力,同样也是牧人的权力,牧羊人的权力。正是审判的权力才使主教可以作为牧羊人把羊只从羊群中驱逐出去,因为它的疾病或者丑事,可能会传染给整个羊群。因此,宗教的权力就是牧人的权力。"[1]

相比于东方世界的牧领权力,基督教牧领在原来的三个要素中加进了新的要素,实际上改变了原初的牧领权力:

---

[1] [法]福柯:《安全、领土与人口》,钱翰、陈晓径译,上海人民出版社2010年版,第132页。

在"拯救"这个要素中，加入了牧羊人的功德的问题，加入了分析、计算的技术。功德带来拯救，罪恶则会引起迷失。牧羊人的功德或过失、缺点，成为教育羊群和带领羊群走向拯救的过程中的组成部分。牧羊人与羊群中的每个成员是绑在一起的，牧羊人的命运和每只羊的命运息息相关，每只羊的罪恶都会归咎于牧羊人。如果羊群不幸迷失，他也会一起随之迷失。有这种前提，牧羊人就会毫无迟疑地面对危险，身先士卒，让自己率先遭受并抵挡住精神或肉体上的诱惑，以保证羊群不会陷入堕落的危险。为了避免他和每只羊的迷失，他就不能单纯地带领羊群，而要学会关注每只羊的所有的行为、好的或坏的倾向，对它们身上发生的所有的事情、行为的细节予以记录。对个体进行分析、计算的技术因此被带入牧领权力技术中，个体也不再仅仅是一个依靠积累德行获得拯救的个体，而且还是时刻需要被分析、考察、评估的对象。以拯救的名义，牧领权力就取得了考察个体的合法性，也取得了控制个体、操纵个体、奴役个体的合法性。

在"律法"这个要素中，加入了服从的要素，建立了个人的、全面的、持续的服从关系。牧羊人带领着、照顾着羊群走向拯救，羊群必须遵从牧羊人的意愿，他的律法。牧羊人实施他的意志，不是因为这种意志与法律相一致，而是因为它是牧羊人的意志。最重要的不是法律或者城邦、国家秩序的原则，而是牧羊人的意志，羊必须绝对屈从于牧人，不加任何质疑地、不打任何折扣地服从。服从不仅被认为是一种美德，而且被认为本身就是目的，是一种永久的状态。这种服从要求的是"完美的服从"，不仅因为命令是理性的而服从，而且更加因为它是荒谬的而服从。服从至上，不考虑服

第八章

羊群的牧领

从什么样的命令,即使要求看来是不可思议的,无法理解的。福柯的分析确实对准了基督教那些荒诞的"考验"的故事①,基督教所要形成的是一个井然有序的服从机制,个体必须将自身完全融入这种机制的运转中,个体的自主在基督徒的日常实践中是必须被消除的要素,个体的任何反思或者对自我的关注都是一种"罪恶"。服从追求的目标就是个体意志的禁止和消失,使个体只服从于牧羊人的意志。福柯显然不仅仅是在批判基督教的机制,而是隐含地指出,服从要素在权力实施中实际上永恒存在,权力总是可以在冠冕堂皇的名义之下,打破法律、原则的束缚,任性地实施,要求人的绝对服从。个体化的权力因此消除的恰恰是个体的自主意志。

在"真理"这一要素中,引入了一种技艺,对自我和他人进行检查的技艺。牧领权力的实施,要求拥有关于每只羊的独特的知识,必须清楚每个成员在做什么,甚至每个人的灵魂状况。"在信仰之外,基督教还要求人们服从另一种形式的真理义务。每个人都有责任知道自己是谁,也就是说,每个人都要努力去认识自己心里正在发生的事情,去承认过错,去认识诱惑,去揭示欲望。不仅如此,每个人还有义务把这些事情向上帝,或者团体里的其他人交代,并因此忍受公开或私下里进行的对自己行为的见证。对信仰的

---

① 福柯在《安全、领土与人口》的讲课中讲过几个故事:第一个,一个初学修士正在重抄《圣经》中的一篇文章,在他接到最愚蠢的命令时,他不问任何原因,马上停止摘抄,他是在把一个字母写到一半的时候停下来的;第二个,僧侣约翰被命令每天两次去到很远的沙漠中,给一根干枯的棍子浇水,约翰并没有让棍子开花,但却因自己每天的重复得到了神圣性;第三个,路西乌斯失去妻子后到修道院,被施加了一系列考验,最后的考验是,把自己的儿子扔在河里淹死,他执行了命令。

真理义务与自我是联结在一起的。因为这种关联性。没有自我认知，灵魂的净化就不可能完成。"① 为了获取这种知识，基督教挪用了古希腊毕达哥拉斯学派、斯多葛学派、伊壁鸠鲁学派经常运用的两种重要方法，即自我审察和良心引导，要求每个成员必须自我审察，必须被引导，并向牧师完全敞开，展示自己的灵魂深处。基督教牧领通过对个体独特真理的展示，不断对个体产生作用，并借助个体自身的真理来治理个体。通过这个技艺，牧领权力将一种自我知识、向他人忏悔、完全服从之间的联系组织起来，某种隐秘的、内部的、隐藏的灵魂的真理得以生产出来，全面的服从关系得以确立。牧领权力的技术被勾勒了出来，权力有机地利用了知识、真理，而且还是依靠最为正当地方式要求个体自动地提供出来，以便利于权力的记录、分析、操控。

基督教牧领是对东方世界牧领权力的发展，不是简单运用拯救、律法和真理的原则，而是利用功德、绝对服从、生产隐蔽的真理，实际上抛弃了拯救、律法和真理。牧领权力保证的个体化，不是由个体的地位来确定，也不是由他的出生背景或行为来确定，而是通过他的从属网络来确定，即通过引导、审察、忏悔、服从来实现。个体不能自主的存在，必须在羊群中，接受牧师的引导，不断审察自我，它必须排除自我，排除把自己作为中心和核心形式的自我中心主义，它必须寻求救赎，寻求在来世的救赎。"每个个体，无论年龄和地位，从生到死，他的每一个行动，都必须受到某个

---

① ［法］福柯：《福柯读本》，汪民安主编，北京大学出版社2010年版，第259页。

第八章
羊群的牧领

人的支配,而且也必须让自己受支配,即是说,他必须在那个人的指引下走向拯救,他对那个人的服从是全面细致的。"①

福柯对西方个体化过程历史以绝妙讽刺,揭示了它给人以个体化的假象,实际上却是让个人深陷在臣服的权力技术中不能自拔。牧领权力的审察、忏悔、引导、服从正是服务于一个目标,让个体在此世以"克己"(mortification)的方式生活,达到个体对此世弃绝、追求来世的效果。福柯说,这是一种日常的死亡,一种假定在另一个世界获得生命的死亡。它不是要为城邦牺牲,而是要求为自我牺牲,为来世的自我牺牲现世的自我。牧领权力的技术无疑更为隐蔽,表面道貌岸然,实质却更为卑劣。

三 牧领权力的现代转变

西方政治发展史上真的存在这种牧领权力吗?这一点对福柯来说并不重要,他善于玩得就是虚虚实实,实实虚虚。他并不是说在耶路撒冷陷落之前的希伯来社会中,政治权力以这种方式有效运作,甚至也不认为这样的政治权力在之后西方政治实践中具有任何的连贯性。他强调的是,将少数人视为牧羊人,把多数人视为羊群,在羊群和牧羊人之间建立复杂、连续、吊诡的关系,这个主题改变了古希腊、古罗马城邦或领土的权力技术发展的方向,改变了古代社会的结构,而且它也确实存在于从中世纪直到现代的欧洲社会,

---

① [法]福柯:《福柯读本》,汪民安主编,北京大学出版社2010年版,第136页。

甚至一度被视为真正的科学，一切艺术的艺术，一切知识的知识。

只是到16世纪，这种牧领权力的治理艺术随着基督教地位的改变，转变成为君主权力的特性。君主权力（统治权力）开始取代牧领权力，成为权力的主导形式。① 这种君主的政治权力实际上是古希腊城邦或领土的权力技术的复归，或者说，在世俗的政治权力摆脱基督教之后，西方社会又重新捡回被舍弃的古希腊城邦或领土政治的问题。可以判断，福柯对牧领权力的发现，实际上丰富或者发展了他在《规训与惩罚》《必须保卫社会》等著作中的统治权力理论了，即统治权力并不是从古至今一直处于主导地位，先是城邦或领土政治，实际上就是政治统治权力，中世纪到16世纪则是牧领权力的主导，16世纪以后则是君主的政治权力，统治权力又重新登上权力的中心舞台。有一个从城邦或领土权力转向牧领权力，再转向君主政治权力的过程。

但福柯又认为，牧领权力实际上并没有削弱，它依然发挥着重要作用。它只是作为神学体制失去了活力，而在神学体制之外则得到广泛传播。牧领制度在宗教形式、传播方式和世俗功效上都强化了，它更有力地掌控个人及其引导者的精神生活，增强了精神控制，强化了个人及其引导者之间的关系。牧领制度扩大化推动着西

---

① 福柯比较详细地描述了牧领权力在中世纪遭遇到的重大反抗，出现了五种反牧师引导、不服从牧领权力的形式："自我苦行"，"组建社团"，"强调经验的优先权"，"主张回到《圣经》"，"接受末世学信仰"，这些形式试图部分或全部地重新分配、调换、废除、诋毁牧领权力，给牧领制度带来危机，最终使牧领权力的主导地位失去了。参见《安全、领土与人口》，第165—199页。

第八章
羊群的牧领

方社会进入引导的时代、指挥的时代和统治的时代。牧领权力带来了引导术（治理术）的广泛传播，在教会权力之外，对人的引导在发展。一种是私人性引导，即如何进行自我引导，如何引导自己的孩子们，如何引导家庭；一种是公共性引导，即行使统治权的君主引导臣民的灵魂。这标志着牧领制度的引导向君主权力的扩散。

牧领权力有再正当不过的理由，有一套的规则和技术。牧领权力深深打进君主政治权力的技术之中，给君主权力或统治权力提出了新的问题，那就是行使君主权力的人应该在多大范围内承担治理人们的任务，他治理的理由是什么，也就是凭什么能去治理，凭什么说自己的治理是合理的，是正当的，是应该的，治理的依据是什么？要根据怎样的合理性、怎样的算计、怎样的思想来治理人们？君主应该依据怎样的合理性来治理，这就是治理的理由的问题。正是伴随着牧领制度的危机，治理术问题被提出来。牧领权力对君主的政治权力最大的遗产就是它给君主统治提出了治理术的问题，治理的合理性的问题。

16世纪末17世纪初的政治思想，开始寻找和定义一种不同于君主权力的治理形式。君主不仅要进行统治，不仅要单纯地行使君主权力，他要做得更多。要超出行使君主权力范围的事，要不同于、有别于牧领制度，不能简单地像上帝之于自然，牧师之于教徒，一家之主之于孩子，牧羊人之于羊群一样，君主的治理不借助于灵魂，它针对公共事务，整个公共事务被治理化。这已经超出君主的政治权力的统治了，一种治理术已经取代了统治术。针对人口的公共事务的治理，标志着现代国家的诞生。一个很令人惊讶的结论，17—18世纪，治理术进入政治领域标志着现代国家的开端，正是牧领权力推动了现代国家的诞生。我们来厘清一下福柯的逻辑，西方权力因此经历了从城邦或领土权力，到牧领权力，再到君主权力，再到国家治理的过程。

18世纪以来的人类社会，国家权力的治理居于主导地位。福柯认为，牧领时代虽然可以说在18世纪真正结束，但牧领制度的很多功能都由治理术担当起来，它并未真正取消，而是转换或整合为其他形式，其形态、组织、运转模式被整合进国家治理术中来。牧领权力一直扮演着重要角色，它改变了西方古代社会的领土统治技术，给君主统治提出了治理术的问题，并嵌入现代国家的治理术之中。国家治理术的理由即是国家理由，它不同于牧师理由（ratio pastoralis），不同于君主理由。它不能像牧羊人对羊群的善意、个体化权力那样取得合理性，也不能像君主通过天赋来取得合理性，它是君主权力的补充，它也利用了牧领权力，强调对人口以及每个个体的生命的责任。

福柯的结论就是，牧领权力这种牧人和羊群关系的游戏和古希腊的城邦—公民关系的游戏是现代国家治理隐含的两种重要技术。现代国家虽然砍掉了君主、国王的脑袋，但却有机结合了历史上的古老的权力技术。牧领权力是一种个体化权力，旨在一种以连续的、持久的方式统治个体，而城邦或国家是一种权力集中化和中心化的政治形式。现代权力正是运用了这两种技术，发展出了最为复杂的知识体系、最精密的权力结构。这种牧领权力与它的对立面"城邦"结合起来，无缝对接，成为权力的综合技术。因此，国家就不再是漠视个体、仅仅注重全体的利益或注重某个群体、阶级利益的政治权力，它既是个体化也是总体化的权力形式。个体化技术

第八章
羊群的牧领

和总体化程序在国家这样的政治结构中有机结合起来。现代国家正是将牧领权力技术整合起来，才实现了个体化与总体化的结合。

四 牧领权力的问题审视

治理术就产生于这种基督教教会的观念中，从宗教走向世俗社会，走进国家。福柯的目的当然不是要完整讲述历史上曾经出现的牧领权力，而是旨在分析现代国家的权力治理术，"在某种意义上，我们可以将国家看作个体化的现代母体，或是牧师权力的新形式"①。只不过，国家这种"新的牧领权力"的目标发生变化，不再是引导人民在来世获救，而是确保此世的获救，它用尘世目标，包括人的健康、安乐、安全、防范事故等代替了传统牧师的宗教目标。能够担任"牧师"的代表也增加了，不仅有国家机器或学校、医院等公共机构，而且也有私人风险企业、捐助者、慈善家。不难看出，牧师范围宽广，似乎又重新回到柏拉图早就定位的多元主体。牧领的对象也被明确分成了两种角色，一个是总体的和数量的，涉及人口，另一个则是个别的、差异的，涉及个体。至此，福柯又回到了他的生命权力与规训权力的主题，生命权力是针对人口总体的权力，规训权力则是针对个体的权力，就此而言，福柯引入牧领权力在对现代国家权力技术的分析中，只不过重复了规训权力和生命权力出场的故事。

对牧领权力的分析，因此更加有利于我们认识生命权力的实质

---

① [法]福柯：《福柯读本》，汪民安主编，北京大学出版社 2010 年版，第 286 页。

性问题。从字面或表面意思上看待牧领权力，可能会发现这种权力是远远优越于任何现有的政治权力的。它不讲命令只讲照顾，不讲压制只讲服务，不讲专制只讲真理，它让每个人成为保护的对象，不为了全体牺牲个体，还有比这更好的权力吗？

福柯用如此美好的语言形容牧领权力，采用的手法就是将这种权力夸到极致，让人在不可思议中去考虑它潜藏的凶险。他肯定知道，将牧领权力描述得越理想，读者就会越觉得不可思议、不可相信，就越会去深层次地去反思。福柯提醒的是，牧领权力实际上与生命权力分享着最基本的伎俩，即在冠冕堂皇的名义下实际上干着侵犯社会和个体的丑事。福柯有段话很完整地表达了他的观点："基督教牧职引入了一种希腊人和希伯来人无法想象的游戏。这是一个奇怪的游戏，它的要素是生命、死亡、真理、服从、个人、自我认同——看起来它与通过公民的牺牲来使城邦存活的游戏毫无关系。由于我们的社会恰好将这两种游戏——城邦—公民游戏和牧人—羊群游戏——结合到了我们所谓的现代国家中，结果它就真正变成了恶魔般的社会。"①

虽然福柯一直强调这种牧领权力形态不是镇压的，不是恐怖的，而是充满善意的，尽心竭力的，但这都没办法否定一个背后的真实，一个最令人不堪忍受的前提，政治是牧羊的活动，在权力看来，作为主体的人只不过是生活在羊群中的"羊"。它要求人成为羊，成为需要被权力关照的羊。人的生命只是作为动物的生命。被

---

① [法] 福柯：《"全体与单一"——走向政治理性批判》，载《生产》（第7辑），江苏人民出版社2011年版，第16页。

第八章
羊群的牧领

治理的羊群基本上没有任何能力，没有思考，被治理者统一看作为完全一模一样的，是无能的，只能被引导、被引领，这样的人在权力技术中与动物无异。

福柯研究专家布罗萨（Alain Brossat）指出，福柯显示了"有关主体存在以及人类或动物群体布置上的绝境"，"福柯的观点使我们想起现代的生命政治是建立在长期以来，人类群体与动物群体间根本毫无差别的这个基本状况"[①]。牧领权力（以及生命权力）实质上渐渐剥夺了人的合法的权利主体的地位，再一次让人成为动物性的存在。权力的实施者和作用的对象之间关系本身是不对等的，牧羊人作为统治者完全处于主动地位，被治理者就是沉默与无主体性的群体。群体因为被引导而存在，没有引导，就没有主体。根本不存在牧羊人与羊的互动，这种权力是没有互动的。权力是被独占的，而不是共享的。

生命权力负担起生命的责任，担负起个体和总体的生命的责任，它的治理的理由因此是最为正当的，最不可被质疑的。这种权力的实施无疑是一种最为理想的境界，但它可能只是一种理想，而不是一种现实。它所具有充足的理由，遮蔽了它不可见人的实质性内容。其中的逻辑是：我为了羊群好，我为了你好，必须让某些羊死。权力照顾到人口的群体，照顾到每个人的利益，因此必须让人牺牲。这其实是对生命权力巧妙的讽刺。

---

① ［法］阿兰·布罗萨：《福柯：危险哲学家》，罗惠珍译，漓江出版社2014年版，第55页。

第九章

国家的理由

权力进入治理术时代，便一直在实践中寻求治理合理性或治理的理由，"国家理由"或"国家理性"（ratio status / rasion d'état）是治理实践过程中的特定阶段。借助于治理术的问题，福柯的国家理论渐露端倪、新鲜出炉，并与生命权力、生命政治理论联系起来。在他看来，国家不是一个实体而是一种治理形式，是权力运作采用的新的理由或新的合理性，以国家为理由的治理本质上属于生命政治的范畴。透过国家理由的治理术，我们能够在理解福柯颇有创新意义的国家理论的同时，更进一步理解生命政治的运作逻辑，更深入地思考当今时代国家治理存在的现实问题。

第九章
国家的理由

一 国家理由的特质

所谓的国家理由的治理，就是以国家为名义，打着国家的旗帜，为了国家本身的坚固、永久、完善、强盛、富有的目标去治理。国家是最终依据，既是治理的原则又是治理的目标，既是治理的主体又是治理的根基。基于国家理由的治理实践确立于16世纪中期，是新的治理合理性，它不同于基督教牧师理由，不以牧师的艺术为标志，也不同于马塞雅维利式的君主理由，不是为了强化国王、君主的权力，而是把国家本身看作新的治理合理性的原则，看作既特殊又自主的实在，看作治理的目的本身。"国家理由并不是根据神法、自然法、人法去进行治理的艺术。它没有必要估计世界的普遍秩序。它的治理依据是国家力量。它的目标是在一个广泛的、竞争性的框架内提升这种力量。"[1] 国家指挥着治理，让人们根据需要去治理，有国家来支撑，治理显得更有理性，更有理由，更有必要，更有力量。

与牧领权力的治理术保持一致，福柯同样从救赎、服从和真理三个主题谈到了这种基于国家理由的治理，尽管他这次讲的主题总让人觉得有些偏题，但足可以让人看到国家理由的基本原则。

在救赎的问题上，福柯讲到了"政变"（coup）的例子，把它看作为国家理由的特征，这真是很危险的说法，不过很有道理。国

---

[1] ［法］福柯：《"全体与单一"——走向政治理性批判》，载《生产》（第7辑），江苏人民出版社2011年版，第20页。

家理由不能等同于一个合法性或正当性体制，不是根据法律来治理，不一定是合法性的治理，法律只是一个工具，它支配法律，可以尊重法律、依靠法律，但也可以不屈服于法律，不再利用法律，减损公法、私法、基本法的效力。政变因此不是跟国家理由决裂，相反完全处于国家理由的一般范围、一般形式之内，因为它是超过法则的东西，不服从法律的行动，是一种将法律和合法性悬置的活动。拯救国家应该凌驾于任何东西之上，以拯救国家的名义可以随意操控法律，国家理由的治理不是具备合法性的治理，而是具备必要性的治理，只要在拯救国家的名义，只要有必要，就有必要打破法律，有必要发动暴力。

暴力概念也被福柯认为是国家理由的重要概念。国家理由的治理当然不把暴力作为通常的、惯常的运行状态，但当有必要时，国家理由就可以是暴力的。暴力因此与国家理由之间不存在任何矛盾之处，国家理由恰恰需要暴力来实现，需要通过政变、暴力的表现方式来彰显它的"合理性"。它总是以拯救国家为名，强调国家的幸福受到威胁，必须通过暴力来拯救国家。福柯很喜欢采用反讽的手法去描述，他认为，国家理由的治理需要大加颂扬政变的必要性，需要强调暴力的必要性，强调压倒合法性的必要性，这是"国家理由的戏剧性实践"。

国家理由的逻辑就是，为了拯救，必须发动政变，发动暴力，为了国家，必须让个体死亡，让一部分人死亡。这与牧领权力的救赎主题不同，因为牧师理由强调每个人的救赎就是大家的救赎，大家的救赎就是每个人的救赎，救赎是一个也不能少的救赎。而"国家理性的牧师神学是一种拣选的牧师神学，一种排除的牧师神学，

第九章
国家的理由

一种牺牲一些人以保全大家、保全国家的牧师神学"[①]。这其实就是生命权力的技术的原则,国家理由的治理不把人看成法律主体、权利主体,而是看成人口中的构成要素,它把人说成人口,强调为了至高无上的国家利益,为了社会的繁荣发展,为了人这种物种的维系,可以牺牲部分群体的利益。就这个意义而言,生命政治本身必然是死亡政治。"从根本上来说,国家是将人作为人口来看管的。它对活生生的人施展权力,把他们当成活生生的人。而它的政治,因此就必然是生命政治。既然人口仅只是国家为自身计而予以关注的,那么,如有必要,国家当然也有权屠杀人口。因此,生命政治的反面就是死亡政治。"[②]

在服从的主题方面,福柯讲到了反叛(révoltes)和暴乱(sédition)问题,他的论证总是能超出人的预期。福柯想强调的是,基于国家理由的治理,会把反叛和暴乱看作国家本身具有潜在性的一部分,而好的治理必须对这种反叛和暴乱的可能性负责。为了避免反叛和暴乱,国家治理必须要求人们的服从,它不是要求某些群体,而是要求全体的人民。治理必须针对人民,必须意识到人们是很危险又很难对付的,必须通过财富流通、税收等经济的方式,以及通过舆论的方式,让人民服从。人们必须得服从,因为不服从,就会被贯之以反叛和暴乱的恶名,就要为反叛和暴乱带来的灾难负责。

[①] [法]福柯:《安全、领土与人口》,钱翰、陈晓径译,上海人民出版社2010年版,第232页。

[②] [法]福柯:《福柯读本》,汪民安主编,北京大学出版社2010年版,第278页。

在真理的主题方面，基于国家理由的治理，不仅仅要求治理者是智慧和谨慎的，能够游刃有余地用法律来统治，还要求他必须了解国家的构成元素，可以保持国家力量及其发展的要素，把握一整套关于人口、人口数量、财富、资源等的技术性的知识。这种治理主要依据的"真理"不是神法、自然法、人法，而是知识、技术，关于国家的知识和技术，"这种国家理性预设了一种知识类型结构。只有了解国家的力量，治理才会是可能的；它也因此可以维持下去。必须了解国家的能力以及拓展这一能力的方法。也必须知道其他国家的力量和能力。实际上，治理的国家必须对抗其他的国家。因此，治理所必需的并不仅仅是运用理性、智慧和耐心的一般原则。知识，涉及国家力量的具体、精确、可测度的知识，是必要的。国家理性所特有的治理艺术，与后来称为政治'统计学'或政治'算术'的发展紧密结合在了一起，政治'统计学'或政治'算术'，也即是关于各个国家不同力量的知识"[1]。

当然，治理者所运用的知识不一定是合法的、合乎道德的，甚至也不一定是合乎事实的，只要是人们都信的、都认同的就行。治理者还要保证国家的这些知识是保密的，是只有自己知道的，他还要通过这些知识来改变人们的舆论，改变他们的处事方式、行为方式。这是基于国家理由的治理的重要条件。在福柯的描述下，现代国家治理技术的秘密昭然若揭。

---

[1] ［法］福柯：《"全体与单一"——走向政治理性批判》，载《生产》（第7辑），江苏人民出版社2011年版，第20页。

第九章
国家的理由

二 国家理由的治理技术

尽管国家理由的治理存在隐患，但它毕竟是治理技术迈入现代化阶段的表征。这种治理术考察存在于特定国家空间内外的一些要素以及这些要素之间的关系，要处置一些处在竞争空间的力量关系，保证在各种各样的力量关系中保护、维持或发展国家的力量。基于国家理由的治理，具体而言有两大技术整体，对内是可以统称为"管治"（police）① 的工具和手段，对外则是外交—军事部署。

管治是让基于国家理由的治理运作起来的机器，是一整套既能利用与经济、人口有关的机制增强国家力量，又能通过组织混乱、非法活动来维持国家良好秩序的方法与技术。国家理由要将个体造就成国家的重要因素，就是通过所谓的管治来实现的，管治的对象是"生活""人"和"人口"，它标志着政治逐渐变成了生命政治。

但福柯充满矛盾地指出，基于国家理由的治理，归根结底还是一种对领土和臣民的管理，还不是一种针对人口的生命权力的治理。在这种基于国家理由的治理术中，人口并没有真正地被提上日程。人口这个元素是既在场又不在场的，真正经过思考的人口元素、人口的概念并不在场。因为国家治理的目的是国家本身，国家

---

① "police"一词是福柯经常使用的术语，国内学术界对这个词有"管治""治安""管控""公共管理"等译法，本书统一译为"管治"。福柯认为它的含义有一个历史的转变过程，在18世纪之前指政府管理的一切方面，即积极地处理国家内部的政治经济问题，18世纪后专指社会管理的消极方式，集中在禁止的方面。

143

的幸福和繁荣，而不是人口。国家理由谈论的，是一种没有主体的幸福，是国家的幸福而不是人口的幸福，是国家的富有而不是人口的富有。人口问题是判断生命权力、生命政治的最根本指标，国家的治理虽然关注到人口，但还没有把它作为目的、作为对象、作为主体，那就还不是完全的生命政治，而只具有生命政治的雏形。

管治的核心是让人们的活动真正融入国家、融入提升国家的力量上来。福柯总结了它的内容：（1）负责、考虑人的数量，尽可能地让人口达到最大数量，盘算出国家到底需要多少人口，分析透人口数量和国家领土面积、财富之间有什么样的关系；（2）提供生活必需品。负责紧迫的必需品，保证它的质量；（3）保证人的健康，消除健康的隐患、疾病等；（4）监督健康人口的工作，杜绝他们游手好闲，让他们从事国家真正需要的工作；（5）让生产出来的商品得以流通，提供便利、鼓励的制度。管治瞄准的是人们相互共存的形式，它关乎好的生活、维持生活、生活的便利之处和乐趣，它就是通过一整套的干预和方法，通过保证人们更好的生活，以增强国家的力量。

福柯发现，管治的出现是与商业活动、城市发展、市场经济密切相关的，城市—市场是促使17世纪管治诞生的根本性事件。管治的内容是城市性内容，所有在管治范围里的问题都是城市里的问题，或者近乎城市的问题，即近乎市场、买卖、交换的问题，也就是说，管治所要保证的是城市管理的一种延伸，这种管理可以从本质上被称作"领土城市化"。国家治理的管治，是要把国家、领土变成大城市，以城市为模式来治理。所以，福柯的结论是，管治化与城市化是同一回事，有了管治才有了城市，有了被管治的完美的

第九章
国家的理由

城市，管治才被认为应该推广到所有领域。福柯提供的是看待城市化的另一种视角，可以称为"政治化视角"。他表明的是，城市的出现，并不代表人们生活的更为自由，更为舒适，它反倒是把人更容易地带入权力的视野之中，让每个个人越来越难以逃脱被操控的命运。

基于国家理由的治理，在国家空间内部采用的是管治，在国家空间之外构造的是外交—军事机器，保证国家之间的平衡，避免国家统一在单一的帝国中。基于国家理由的治理，必然建立在国家多样性的基础之上。国家不会变成统一的帝国，不会整合到帝国中。不然的话，也就没有国家理由的说法。在这种治理实践中，多元的、复杂的国家的存在是前提。国家之间不再是敌对的形式，而是竞争的形式，国家需要在竞争的空间内提高国家力量。它让国家之间保持竞争关系，限制每个国家增长的野心，但也给每个国家留出足够的空间以便使每个国家最大限度地发展自己。它要达到的目的是"欧洲的平衡"。

福柯具体分析了这个欧洲的平衡，他认为应该把欧洲看作一个共同体，它是有限制的、不具备普适性的、不力求涵盖世界的地理划分，是虽有大小之分但又保证每个国家都不会吞并其他国家的共同体，也是与世界存在关系但又有特殊性的共同体。欧洲的平衡强调的是绝对限制较强国家的力量，最强大的国家不能把法则强加到别的国家身上，较强的国家之间相互平等、力量均等，较弱的国家联合在一起可能抗衡较强的国家。不再渴望通过统一性来追求和平，而是通过多样性来维持欧洲和平。国家所依赖的工具是战争、外交与常备军这三种。所有的工具都是用来保证多样的国家的平衡，组织、安排国家力量之间的妥协和抵消，维护当时已经被称为欧洲平衡、欧洲均势的东西。

对内的管治与对外的外交——军事是有密切联系的，前者追求维持内部良好秩序，追求国家力量的增强，后者追求维持不同的、多样的国家力量之间的平衡，都是让国家最大限度地发展自己的力量。这是管治与欧洲均衡的第一重关系，福柯称之为形态上的关系。第二重关系是调节关系。因为只有管治让每个国家都能增强自身力量，才能维持欧洲真正平衡和均势，而为了维持欧洲各国的平衡，每个国家都必须有好的管治。第三重关系是工具关系，两者都至少有种共同的工具，即统计学。统计学成为必需，每个国家都要通过统计了解自身以及别国的力量，因而有利于比较、维持平衡。

两个方面也存在区别，有限与无限的区别。在外交—军事技术上，在与他国的关系中，治理的目标是有限的，人们认同每个国家都有自己的利益需要保卫，但并不渴求成为全球的帝国统一者，每个国家都自主限制自己的目标，并通过军队和外交手段来保证本国与其他国家的平衡，虽存在必要的和充分的竞争，但都不梦想成为超级的末日帝国。而国家内部管治的目标则是无限的，"在管治国家中，对治理者来说，重要的恰恰不仅要考虑和照顾到群体活动，照顾到不同社会地位，即不同类型的个体以及他们的特殊身份，不仅仅要照顾到以上所有这些，而是要照顾到个体们的活动直至最细微和最纤细之处"[①]。

---

① ［法］福柯：《生命政治的诞生》，莫伟民、赵伟译，上海人民出版社2011年版，第6页。

第九章
国家的理由

无限的内部管治目标与有限的外部目标是关联的，依据国家理由的治理，必然带来国际目标的有限化以及国际关系的有限化，也必然带来管治国家运作的无限化。基于国家理由的治理，因此必然会不断地向内追求更为严密的管治，关注到每个人的细节，关注到整个日常生活的角角落落，它也必然会带来国家之间的竞争、摩擦和冲突，必然不会带来国家之间的永久和平以及某个国家的全球统治。这就是福柯根据基于国家理由的治理术所得出的结论，不得不佩服他的洞察力。

三 国家治理的内外限制

在以民族国家为基本单位的当代世界，基于国家理由的治理术确实是强有力的，很难看到它有衰弱的趋势。但福柯却令人意外地宣称，他反对对国家理由治理术的"膨胀主义的"（inflationnaite）的错误理解而陷入国家恐惧症之中。这种错误理解认为，无论任何一种国家形式，包括行政国家、神权国家、官僚国家、法西斯国家、极权国家都有一种亲缘关系、遗传连续性，只要是国家，都具有一种天然具有的扩张能力和内在增长趋势，会不停地在面积上、在广度上、在深度上、在细度上扩展，直到完全控制住既是其他者又是其目标和对象的市民社会。

福柯认为，国家只是治理术寻求的工具，对国家的无边无际扩张能力的批判，难以看到治理术的转变。极权国家、法西斯国家恰恰不是对国家的狂热，而是国家的自主性、特殊性及其自身功能受到了制约、弱化。现实的问题不是国家和国家理由强化了，而是国家弱化了，国家被某种极权的力量所控制了，国家理由的治理受到了挑战。

福柯强调，国家理由不是完全无限制的恶，依据国家理由的治理或管治国家，也同时伴随着限制国家理由的方式，应该看到国家治理术总是受到外在和内在的限制，法律理由（raison juridique）是国家理由的外在的限制的理由。法律体系、司法实践曾使皇权加倍巩固，随着国家理由的治理合理性从16世纪起尤其是从17世纪初期开始发展，法律反而充当限制管治国家无限制扩张的依据，任何治理实践、国家理由都受到基本法、自然权利理论、契约理论、君主和臣民的协定理论的限制。法律、法律制度不再内在于权力，法律思考、法律准则、法律权威反对国家理由，成为外在于国家理由之治理的制约因素，限制国家理由之治理的运行。福柯强调，这是外在的限制，因为只有当国家理由越出法律的限制时，法律才将治理定义为非法，法律原则站在国家理由的对立面提出限制，要求国家主权不能越线。

18世纪中期，出现了作为国家理由的内在限制的理由。这种内在限制或内在调整体现为：其一，事实的限制。事实与法律相对应，它通过事实来说明治理的不合适、不适当，而不是通过法律来说明治理的不合法。其二，普遍性限制。这种限制依照在所有情况下总是有效的一些普遍性原则，而不会具体地规定该怎么做，不该怎么做。其三，根据治理目标做出的限制。依据治理的目标来寻找限制原则，倒逼找到最好的治理方法。其四，不是区分人而是区分要做之事的内在的限制。这种限制会区分出应该做的和最好不要做的，标出治理活动的界限，但不是在个人之间，不是要让一部分人

第九章
国家的理由

绝对保留自由，让一部分人服从，区分对事不对人，只确定要做之事和不要做之事。其五，内在的限制不是由治理者自己决定的，而是通过治理者和被治理者相互之间的行为，通过一系列的冲突、和解、讨论、互相妥协来决定的。国家理由在国家的名义下可以不受任何限制，现在则必须受到限制。即使以国家之名，也不能无所限制，法律不能限制它，但有限制它的这些内在要素。

这种内在限制最终让管治国家解体了，并生成出一种现当代的治理术。这种新的治理术，恢复了被基于国家理由的治理丢掉的"自然法则"，即符合自然的治理才是好的治理。它强调了一种新的自然性，一种社会的自然性。这种自然性是以人口问题显现出来的，人口不再是简单地人口增加或减少的问题，而是作为自然现象的人口而不是由臣民集合的人口，它有着自身转变和迁徙的规律，既受到自然程序的约束，也服从于财富本身，它在每个人和其他人之间产生一系列相互作用、循环效应和传播效应，从而产生并非国家想要构成的自发的联系。治理术的新形式必须尊重由人口事实和经济程序背后的自然程序，国家的干预不能只是否定、阻止，它应该需要掌控、刺激、制造便利条件，让必然的和自然的调节自己运作。

治理必须要求为这些自然现象制定框架，而不至于被一种靠不住的、随意的、盲目的干预改变方向，它要保证自然现象的安全。人口的自然性很重要的表现就是人口的自由流动，自由应该是治理术不可或缺的要素，只有尊重自由或者一些自由的形式才能好好管理，将自由和对自由的限制纳入管理的场域，成为新的治理术的迫切需要。新的治理术的根本性目标应该是自然的经济程序或内在于人口的程序。这种新的治理术，在知识的主题上也带来了新变化，它提出了科学合理性的要求，强调知识不能内在于管理理性之中，不应该产生于管理者的实践之中，它应该外在于管理，知识越来越要求理论上的纯粹性。这种新的治理理由或新的治理术，不再围绕法律问题，不再围绕是否超越法律原则，是否合法展开，而是围绕怎样不过度治理，不再围绕权力的滥用，而是围绕治理的过度，治理过度与否成为衡量治理是否合理的标准。这是不同于针对领土和臣民的国家治理，而是针对人口和公民的自由治理。

新的治理术，以自然的经济领域为参照，对准人口，并组织一个尊重自由的法律体系，它还有工具来确保秩序，那就是已经不再具有积极的、全面的治理技术含义而仅仅保留禁止否定内涵的管治，再加上外交—军事设置，这就构成了新的治理术的新要素，即经济事件、人口管理、法律和尊重自由、管治以及外交—军事设置。这是新的治理术的元素。新的治理术将不再基于国家，而是基于社会，国家让位于社会，它也不再把个人对国家的服从当作根本性原则，而是强调要按照人口本身的法则，按照人的权利的法则，把人、人口以及个人构成的民众看成最根本的真理的来源，不再是国家作为真理的来源。福柯说，公民社会反对国家，人口反对国家，国民反对国家，这是新的治理术的变革。这种治理术是基于自由理由（raison libérale）的治理术，实际上是真正的生命权力的治理术。

第十章

自由的伎俩

治理术在18世纪中期超越了国家理由阶段,进入"自由理由"或"自由理性"的新阶段,这种新型的治理术可以称之为自由主义的治理术。在福柯看来,一旦知道了什么是被称为自由主义的治理体制,就可以掌握什么是生命政治。虽然在他的理论中,自由主义治理术与生命政治的关系是模糊的,他既把生命政治看作自由主义治理术的一个主题,又认为自由主义是生命权力治理技艺的合理性原则,可以当作生命政治的一般框架,但可以肯定地判断,福柯利用生命权力理论将批判的矛头对准了自由主义、新自由主义。在反思自由主义、新自由主义的理论与实践的过程中,福柯提供了看待"自由主义""市场经济""法治国家""经济人""市民社会"这些范畴的新视角,值得反思借鉴。

一 自由主义的治理技艺

福柯总是不断地赋予旧词以新的意义，在旧瓶中装入新酒。他所设定的自由主义的治理技艺，即以自由为治理理由的治理技艺，赋予了自由、自由主义与传统理解不同的意义。他所说的自由，不是通过制定法律来保障的那种个体或集体的自由，自由主义当然也不是传统意义上所理解的单纯的经济学说或单纯的政治学说，即反对国家、社会过多干涉个体自由，强调应该给予个人更多自由的学说。自由主义的治理技艺，也不意味着治理从原来的专制的治理过渡到更温和、更宽容、更灵活的治理，不意味着自由的数量增大了，现在比以前更自由了。因为在君主制行政管理与自由主义体系之间衡量自由的多少，在福柯看来没有多少意义。

自由或自由主义只是作为治理的理由，它与国家作为治理的理由相对应。基于国家理由的治理的目标要保证国家的军力、财富、力量无限的增长，基于自由理由的治理则要从内部限制治理权力的实施。福柯是从宽泛的意义上来界定自由主义的，这种自由主义既是指关于对治理进行限制的原则，又是限制治理、考量这种限制效果的实践，还是最大程度地限制治理形式和治理活动领域的途径，还可以指像宪法、议会、舆论、新闻出版这样的限制治理实践的组织。无论是原则、实践、途径、组织，自由主义本身就代表着对治理的内在限制。以自由或自由主义为理由的治理，反对治理的过度化，注重对治理的限制，主张以尽可能少的治理来治理。基于自由的治理技艺，要求更少的治理、节制的治理，治理的节制性问题，

第十章
自由的伎俩

因此是自由主义治理技艺学的核心问题。

自由主义治理技艺学，之所以要强调治理的节制，更好的治理，是因为它更加注重经济过程的自发性的、内在的和固有的复杂机理，把握它的具有自然性的客观规律去治理。作为治理的自我限制的自由理由，建立于治理的对象和实践的自然性基础之上，这个自然性一方面是指财富的自然性，一方面是个体的自然性，它不是把个体看作听话的或不顺从的臣民，或者看作道德主体、权利主体、法律主体，而是将其看作其数量、寿命、健康、行为方式都与经济过程由错综复杂联系的主体，看作应该加以管理的人口。自由主义治理就是要持续有效地负责个人、负责他们的各种福利、健康、工作、生活方式、行为方式甚至他的死亡方式等。所以福柯说，自由主义更多的是自然主义，一种治理的自然主义，一种以自然性的人口为治理对象的自然主义。所以说"自由"实际上是"自然"，自由主义治理术实际上是"自然主义治理术"。福柯实际上已经把自由主义解构了，他坚持沿用自由主义的说法，是为了约定俗成的说法，也是为了更好地批判反思。

具体而言，自由主义治理术有三个技艺，第一个被他称为"市场的真言化"。它的关键点是市场，强调市场的自然性、客观性或者真理性，认定市场是真理化场所，是形成真理的场所和机制，它决定了应该以最可能少的干预来使其运转，以便市场能够形成真理并且将该真理表述为治理实践的规范和准则。福柯认为，市场曾经被认为是公正化的场所，在16、17世纪，市场被强调应制定条例打击作弊和不法行为，公正地分配商品，确定公正的或应该公正的价格。18世纪中期发生了变化，市场被认为应该服从自然的机制、自发的机制，市场所形成的价格应该是自然的、正常的、真实的价格。不再关心是否价格公平，而关心是否符合交换规律，价格是否是自然形成的还是被操控的？市场因此从公正化（juridiction）场所变成了真言化（véridiction）场所。

这当然不是说价格是严格真实的，不是说存在着若干真实价格和若干虚假价格，福柯想表达的是，在治理实践中，价格是否是自然形成的是判断真理的标准，在市场中自然形成的价格，就是自然的、真实的价格，"我们既在治理实践中又在关于治理实践的反思中所发现的各种价格，就其遵循市场的自然机制而言，将成为一种真理标准，可以使人们识别出正确的和错误的治理实践。换言之，正是市场的自然机制和所形成的自然价格——当人们基于此去观察治理的所作所为，治理所采取的措施，治理所规定的规则之时——可以使我们证伪和证实治理实践。就市场通过交换可使人们把生产、必需品、供应、需求、价值、价格等联系起来而言，市场在此意义上构建了一个真言化场所，一个对治理实践来说的证实—证伪之场所。正是市场将使得一个好的治理不再简单地是一个按照公正来运作的治理"①。正是真理化场所——市场的出现，推动了治理实践的变革。治理实践从市场这里找到了客观原则，找到了评判治理好坏的标准。治理必须遵循市场的自然机制，应放任市场的自然性爆发出来。不能人为地、过多地去干预，也不能按照所谓的法律公正、公平目标去运作。治理实践需要追求真实的东西，需要确定

---

① ［法］福柯：《生命政治的诞生》，莫伟民、赵伟译，上海人民出版社2011年版，第27—28页。

第十章
自由的伎俩

真理的东西,而市场被认为能够给治理实践提供相关的真实。福柯看来,市场不仅仅是客观的经济现实,而是治理技艺借助的工具。

自由主义治理术的第二个技艺是"效用(utilité)的估算"。任何权力的治理都有一定的内在限制,自由主义的治理依然要给权力治理设置司法界限,只不过这种界限在18世纪末和19世纪初演化出两条道路,一条是司法—演绎的道路,福柯也称为"革命性道路"或"卢梭式道路",它从人权出发,用法律规定好个人的自然权利或原始权利是什么,为主权的设立划定好范围,提出权利的合法性问题和不可让与性问题。这里的法律被理解成个体意志的表达,表明个体同意让予部分权利并保留另一部分权利,自由则被设想为个体依然享有的基础性权利。另一条道路不从法律出发,而是从治理实践出发,依据事实界限来分析,比如根据治理术的目标,行为对象,一个国家的资源、人口和经济等要素确立界限。这条道路被福柯称为激进道路,在这条道路中,法律是公共权力干预空间与个人独立空间的划分处理所带来的结果,自由则被看作被治理者相对于治理者的独立性。

这两条道路代表了不同的治理技术学,设定了两种完全相异的自由概念,一种是从人类权利出发来理解的自由,一种是从被治理者的独立性出发理解的自由。"有两种设立法律的方式来调控国家公共权力,有两种对法律的理解,有两种对自由的理解。我们说19世纪甚至20世纪的欧洲自由主义的特征就是这种两面性。"[①] 这是

---

① [法]福柯:《生命政治的诞生》,莫伟民、赵伟译,上海人民出版社2011年版,第36页。

自由主义的两种不同的治理技术学，两者并不冲突，而是相异性的两种程序，一边强调公共法和人权，一边是基于对治理的必要限制。只是占据强势地位的是后者，即依据治理的效用性对公共权力进行司法限制的激进主义道路。

从19世纪初，效用问题越来越覆盖法律的所有传统问题，"效用问题、个人效用与集体效用、每个人的效用与所有人的效用、个体效用与总体效用，正是这些问题最终成为对国家公共权力的限制以及公共法和行政管理法的形成进行阐发所依据的重大准则"①。自由主义的治理技艺学注重效果的估算，越来越不强调治理能够使人的合法权利是否或能在多大程度上保障，而是强调它能产生多大的效用，能够让个体、集体、全体的效用得到最大程度的实现。治理关注的是效用，效用大小决定治理与否，以及治理的力度大小。国家权力依据效用原则衡量是否干预。

自由主义的治理技艺的关键点：一个是市场，一个是效用，一个是作为真理化场所的市场，一个是作为衡量干预与否、干预多少参照指数的效用。市场交换与公共权力的效用，这是治理自我限制所依据的基本原则。"自由主义的根本问题是：在一个由交换决定了物品的真实价值的社会中，治理及其所有的治理行为，它们的效用价值是什么？"②自由主义提出治理的根本问题，正是从这个角度，从这个视阈出发的。而包含交换与效用的总范畴，福柯认为就是

---

① [法]福柯：《生命政治的诞生》，莫伟民、赵伟译，上海人民出版社2011年版，第37页。
② 同上书，第39页。

第十章
自由的伎俩

利益（intérêt），它既是交换原则又是效用标准。这种以寻求自我限制原则为根本特征的治理理由，因此是一种依据利益来运行的理由。自由主义治理技艺是从根本上操控利益的治理技艺。

福柯所说的利益是多种多样的利益，它是个人利益和集体利益、社会效用和经济效益之间、市场平衡和国家公共权力制度之间的复杂游戏，也是基本权利与被治理者的独立性之间的复杂游戏，不像国家理由的治理考虑国家的财富、人口、力量的增长，自由主义治理理由关注利益，不同个人、物品、资源、土地这些东西打交道，不是直接干预、控制物和人，而是依据单个利益、多种利益以及多重利益之间的游戏，操控它所需要的一切东西，比如个人、行为、言语、财富、资源、财产、权利等，利益是新的治理理由唯一可操控的东西。

自由主义的第三个治理技艺是"国家间的平衡"。不同于基于国家理由的治理追求欧洲平衡，这种新的治理技艺树立欧洲进步观念，认定国家间的平衡只有通过共同富足，无限制的富足来实现。欧洲进步的观念因此是自由主义的一个基本论题。要实现欧洲国家的整体的富足，把它作为治理的原则和目标，市场的全球化就被要求建立起来。欧洲的和平构想不再与欧洲平衡联系在一起，不再与限制每个国家内部力量联系在一起，而是与外部市场的无限制联系起来，外部市场越大，它的边界和限制就越少，就越能获得永久和平的保障。这种自由主义的治理理由的自我限制，与国家理由的体制有奇特的关系，国家理由为治理实践开辟出无限的干预领域，但在国家间的竞争性平衡又为自己设定了有限的国际目标。但基于自由理由的治理实践却悖论性地带来了帝国主义的无限制目标的出现，它本来是要自我限制，但却在自我限制的名义下为帝国主义的形式的出现做好了铺垫。

二 新自由主义的治理技艺

市场的真言化，治理的效用考量，以及国家间的平衡，这三个方面正构成福柯所说的自由主义，这种自由主义奠定了整个自由理由的治理术。第二次世界大战以后的新自由主义在这个基础上有了发展，在《生命政治的诞生》的讲课中，福柯重点探讨了第二次世界大战以后的德国新自由主义和美国新自由主义，探讨了新自由主义的治理技艺学。[①]

新自由主义的治理技艺，同样是基于市场理由的治理技艺，同样强调市场经济的重要性，但这不同于18世纪的市场自由，当时的经济自由在基于国家理由的管治国家内部得以立足，是在既有的政治社会内部分割出一个自由的市场空间。当时信奉的是，只有放任市场自由，才能使市场成为国家富足、经济增长以及由此而来的国力增强之本。这种经济自由强调市场经济存在着缺陷和破坏性后果，要以国家干预和调控为保障，以发挥它的正面作用。所以，这种基于市场理由的治理，考虑的是给市场多大程度自由的问题，它本身的逻辑是通过市场经济来限制国家，市场经济作为国家干预的界限。

---

① 福柯又称前者为秩序自由主义，称后者为无政府自由主义（anarcho‐libéralisme）。两者的共同点是把凯恩斯主义当作理论对手，主张排斥计划经济、计划化、国家干预主义，特别是对总量的干预。

第十章
自由的伎俩

新自由主义的规划不是思考国家保障经济自由的程度,而是经济自由如何具有国家化的功能和作用。它认为国家正当性的基础在于确保经济的自由运转,要让市场经济的自由原则走向政治国家。"新自由主义的问题是弄明白如何以市场经济原则为模式来调控政治权力的总体运作。因此问题不是释放出空位子,而是根据一种治理的总体技艺带来、召唤、规划市场经济的各种形式原则(principes formels)。"[①] 关键的问题是如何把市场自由的原则推广到国家内部,让国家和社会按照市场经济的原则运行。新自由主义思考的方向:"不是去问:一种市场经济是相对自由的,国家应该如何制约它以使其有害结果尽可能减少? 应该换一种方式思考。应该去说:什么也无法证明市场经济有缺点,什么也无法证明它有内在缺陷,因为应该将所有的缺点及其缺陷的后果都归于国家。"[②]

市场本身没有缺陷,有缺陷的是国家,市场自由不能由国家来为它划定边界,反倒是市场自由要成为国家的组织和调控原则。原来的治理技艺要求尊重市场形式并且对其放任自由,现在虽也讲放任自由,但意思是不要对政府放任自由,要以市场规律的名义来评定和评估每一个政府行为。国家受市场的监督而不是市场受国家的监督。市场经济要作为国家的制约原则,对国家自始至终的存在和行动进行内部的调控。新自由主义的干预并不是对市场的效果进行干预,也不是要修正市场对社会的破坏性后果,它要打破市场和社

[①] [法]福柯:《生命政治的诞生》,莫伟民、赵伟译,上海人民出版社2011年版,第117页。

[②] 同上书,第99页。

会的界域，在社会自身的网络和深度上对社会进行干预，使市场成为社会的普遍调节器，使市场的竞争机制在每一时刻以及社会深度的每个点上都能发挥调节作用。

因此，20世纪的新自由主义不是对18世纪和19世纪自由主义旧有形式的复苏，它集中探讨的问题是市场经济的形式如何延伸到政治和社会的所有领域，为改造国家、改造社会提供有价值的东西。新自由主义因此对传统自由主义理论做了一些转变、转移或翻转。总体而言，它把经济当成一场发生在所有人之间的游戏，而且是完全贯穿于社会之中的游戏。国家的根本功能是界定这些经济游戏规则并保证这些规则得到切实有效的应用，这些规则不能改变游戏的进展，要使游戏尽可能活跃，使尽可能多的人获益，并且要保证游戏参与者的任何一方不至于完全输光而无法继续游戏，要防止某个人完全跌倒并最终出局。福柯认为，这也是一种社会契约，它把所有的人都拉入契约之中，社会以及国家所规定的游戏规则要求所有的人都不能被排除在游戏之外，所有人都必须被游戏所捕获。潜在地或现实地愿意签署社会契约的人，甚至不想加入游戏的人，都必须加入，成为社会的一分子。

新自由主义把市场的主要原则从交换转变为竞争，认定竞争与垄断问题比起价值与等价问题，才应该构成市场理论的本质基础。竞争是各种不平等之间的一种形式游戏，市场本质的竞争只能由积极的治理才能产生出来。因此，必须重建一种以竞争和治理政策为标志的市场机制，治理必须由始至终伴随市场经济。这是新自由主义的治理术必须坚持的总原则，问题是将以何种方式展开它的技术。必须以积极的治理对待市场经济，而不是认为市场经济就是要

第十章
自由的伎俩

放任自由。不能也不应该得出放任自由的结论，而是时刻处于警惕性、能动性和永久干预的影响之下。治理干预的密度、次数、积极程度和连续性不比其他体系少，只不过，这种干预是在坚持市场经济原则的基础上进行的。

福柯讲到了新自由主义治理的三个事例。第一个关于垄断。自由主义把垄断看作为竞争逻辑的一部分，认为为了保持竞争，必须通过经济机制干预防治垄断。新自由主义则要证明垄断和垄断化趋势不属于竞争的历史和经济逻辑，认为经济活动本身就具有自我调节结构，不会丧失竞争规则，因此不要去干预经济活动。反倒应该建立一套制度框架来阻止国家公共权力干预从而产生垄断。也就是说，垄断的原因不在市场，而在国家权力，反垄断化的制度不应该针对经济领域以阻止经济产生垄断，而应该阻止外部活动介入而产生垄断。

第二个事例是"经济恰当行为"（action conforme），即以保持价格稳定为首要目标，对市场的技术、科学、法律、人口的背景进行干预，要让这些外在的力量接受市场原则，要保证纯粹的市场手段。

第三个关于社会政策。新自由主义需要积极的社会政策，但社会政策必须认同经济游戏，认同它带来的不平等结果。每个人都应该顺从和屈服，不能为了搞平等而使一部分人的收入转给另一部分人。社会政策因此不能是集体化的，而是个人化的，它不是给个人提供风险的社会保护，而是赋予每个人一种经济空间，供其承担和对抗风险。社会政策绝不是作为补偿机制用来消除自由经济可能对社会、社会组织和网络造成的破坏，它不是对抗市场经济或与市场经济逆流而动，它是市场经济在社会领域得以运行的保障，它要在全社会释放出市场经济本身具有的竞争型的调节性功能，它消除的不是竞争的反社会的后果，而是可能会由社会引发的或可能在社会中出现的反竞争的机制。

按照新自由主义的治理技艺，以市场作为社会调节的原则，说明不是市场作为治理的对象域，反而是社会成为治理干预、治理实践和社会治理的目标本身。因此福柯说，它不是一种经济治理，而是一种社会治理。这种社会治理的原则是要发挥市场作为社会总调节者的角色和作为政策合理性之原则性的角色，但并不意味着要建立一种市场社会，一种商品社会和消费社会。因为市场的原则已经从商品交换原则被转变为竞争原则。新自由主义治理技艺要打造的社会因此"并不是一个服从商品效用（effet-marchandise）的社会，而是一个服从于竞争型动态活动的社会，不是一个超级市场社会（une société de supermarché），而是一个企业社会"，"它所要构建的 homo oeconomicus（经济人）不是交换之人（homme de l'échange），也不是消费之人，而是企业之人和生产之人"[①]。

这种新自由主义治理技艺，要重新塑造人，重新打造社会，打造出符合它需要的主体和环境。它要打造的社会被福柯称为"企业社会"，是有大量的、普遍化的、差异化的企业存在的社会。这种社会中的单元将以企业的形式作为代表，不仅仅指国有或国际大型企业，而是使一切组织形式都具有企业化，包括家庭、学校、医院

[①] [法]福柯：《生命政治的诞生》，莫伟民、赵伟译，上海人民出版社2011年版，第129页。

等。企业形式在社会集体内部的繁殖正是新自由主义政策的关键之处，市场、竞争以及随之而来的企业就是"社会塑形力量"（puissance informante）。

三 经济人、市民社会与法治国家

新自由主义要打造的人是"经济人"（homo oeconomicus）。18世纪中期起，经济人成为自由主义思想中的一个主题，是新的治理理由形成的基础要素。经济人的框架、范式成为分析经济行为以及社会行为的唯一有效性框架，成为分析所有行为方式是否合理的依据。

福柯指出，古典政治经济学理论虽然指出了财富生产的三个因素，即土地、资本和劳动，但唯独却对劳动没有进行经济学分析。马克思虽然研究了劳动，只是把它作为劳动力，看成一种商品，从而将矛头对准资本主义生产方式，认为它使劳动的现实性抽象化了。新自由主义重提劳动问题，不是从资本的角度或经济机制和经济过程的视角，而是从劳动者的视角来思考问题，它把劳动当作经济行为，当作被实践的、被运作的、合理化的、被劳动者考量过的经济行为来研究。这样，劳动者在经济学分析中不再作为客体，不再以劳动力的形式作为供给与需求的对象，而是作为主动的经济主体。这个经济主体认为劳动包括一种资本，即一种本领和能力，也包括一种收益，即工资，劳动因此可以分解为资本与收益，它用资本——技能来换取收益——工资，因此劳动者本身就表现为一个"企业"，具有企业思维的个体，每个人都是一个企业人，一个经济人，必须考量如何用技能或资本来赚取收益，而这种企业—单元的社会正是新自由主义治理技艺的规划。

新自由主义因此有一种向经济人回归的倾向，但不是回到它的传统概念里，把他理解为交换的人，根据自己的需求、根据效用来分析自己行为及做事方式的人，而是理解为企业家，作为自己的企业家，其自身是自己的资本，是自己的生产者，是自己收入的来源。每个人类个体都拥有人力资本，就是他的技能—机器，通过先天和后天因素获得的技能——机器，每个人都必须考虑自己的人力资本，都利用自己的人力资本来获取报酬和收益。这是人力资本的个体，也因此是有企业家性质的个体。经济人因此是企业家或企业人。

经济人是不可替代的、不可化约的利益原子（atome d'intérêt），不能还原为权利主体。权利主体只能够制约君主权力的实施，实际上是便利于君主的权力的实施的，因为权利主体被要求放弃自己的权利给君主才享有权利，他被整合进被统治的整体中，实际上论证了君主权力的合法性。经济人也是权利主体，但他则不满足于制约君主权力，他让君主产生根本的无能力，一种无法掌控经济领域的整体的无能力，一种面对经济场迷宫和曲折的无能力，因此在政治上是对传统和法律把君主绝对化理解的一种挑战。

而且，经济人不能融合到所属整体中，他从不被要求放弃他的利益，每个人不仅追逐自己的利益，寻求把它推向最大化，他只服从于自己的利益，而每个人利益的实现与否都与其他人有密切关联，所以经济人处在无限定的内在性场域中，与一系列偶然联系在一起，经济人因此处在双重不由自主中，许多偶然不由自主地在它

第十章
自由的伎俩

身上,并不由自主地为其他人产生出收益。这决定了治理必须对准经济人,对着既是权利主体又是利益主体的经济人,根据经济人的这种特性来实施技艺。

必须寻求新的治理技艺,按照权利主体——经济主体的问题建立起来,定义出一种新的集合体,既能尊重个体的权利主体,又能尊重经济参与者,自由主义治理技艺必须找到纳入两者的复杂的集合体,必须采用经济方式的治理技艺和法律方式的治理技艺的统一,必须找到新的参照域,一种新的实在,福柯说这种新的参照域、这种新的实在就是"市民社会"(société civile)。市民社会这个概念因此在福柯的理论中出现了。

福柯自然有对市民社会的别样理解。经济人与市民社会是两个不可分割的要素,同属于一个集合体,即自由主义治理术的技术学集合体,经济人是抽象的、理想的、纯粹经济学上的点,填满了市民社会深厚的、完整的、复杂的实在性,市民社会是一个具体的集合体,经济人在其内部之中,重新归位以便管理。福柯认为,"市民社会是一个治理技术学概念,确切说它是治理技术学的相关项,而治理技术学的合理措施应该以法律的方式与另一种生产和交换过程意义上的经济相挂钩。治理术的法学结构与经济学结构相挂钩:这就是市民社会的问题"[1]。

市民社会的特征就是它既非纯粹经济上的,也非纯粹法律上的,既不与契约结构形式,也不与权利的出让、委托、让与活动一

---

[1] [法]福柯:《生命政治的诞生》,莫伟民、赵伟译,上海人民出版社2011年版,第261—262页。

致，也与经济游戏不同，它不断形成新的社会组织、新的社会关系、新的经济机构以及由此而来的新的治理类型，它表现出社会纽带与政府形式的权力机关之间的内在的、复杂的关系。市民社会的出现，使治理技术获得自我限制，使其不能违背经济规律，也不违背法律权利原则，既满足治理的普遍性要求，也满足治理无所不在的必要性，因确定了市民社会，自由主义的治理因此成为一种无所不在的、无所不包的治理，既顺从权利法规又尊重经济特殊性的治理。新自由主义的治理技艺为此重新思考健康保护、公共卫生的问题，分析各种非经济的社会关系，比如婚姻关系、子女教育、犯罪关系等。

作为企业家或企业人的经济人的塑造，企业组织形式的繁殖和自由运作，必然出现大量摩擦，导致争端的场合增多，司法裁决的必要性增大，这就必然催生司法社会。新自由主义技艺按照市场竞争原则、经济自由的总原则，因此坚持两个重要方针，即按照企业模式塑造社会，以及通过司法制度和法律条例对社会进行调节。企业社会和司法社会，正是同一个现象的两个方面。福柯因此又引入了法治国家（Rechtsstaat）的概念。

福柯在此回应了马克思，向马克思致敬。对福柯而言，马克思的理论是其理论建构的重要来源。从《规训与惩罚》《必须保卫社会》一直到《生命政治的诞生》，福柯几乎在好多次话题中不断地回应马克思或马克思主义的命题，有些回应甚至是不可思议的出现。福柯认为，不能把法律看作与下层经济基础相对立的上层建筑，看作服务于、从属于经济的单纯而简单的表达工具。法律塑造经济，应该探讨的经济—法律秩序。马克思主义对资本主义的理

第十章
自由的伎俩

解，只是从唯一的、必然的经济逻辑上去界定的，而资本积累的逻辑最终决定了资本主义的死胡同。马克思忽略了政治法律制度也是资本主义的内在因素，资本主义会引入制度的改变，而开启它的可能性领域。只有在经济—制度的历史中，才能把握在历史进程中的真实的资本主义，而不是作为资本逻辑推导出来的可能的和必然资本主义样式。必须面对的是由经济—制度整体构成的资本主义，新自由主义的治理技艺就是通过制度设计创造出另一个资本主义。马克思只会看到资本主义的完全消失，而没有看到经济—制度样式的资本主义。福柯相信自己发现了不同于马克思的另一种资本主义以及资本主义的新的出路。

对福柯而言，"法治国家"在18世纪和19世纪德国的出现，就是创造"另一个资本主义"的表征，是自由主义的革命资本主义之路。新自由主义根据法治国家的原理重新安排了制度框架，法治国家不仅与专制主义国家对立，也与管治国家（Polizeistaat）对立，它强调法律程序至上，公共权力脱离预先对其制约的法律框架就不会起作用，所以必须在法律框架之中实施，它决定了公共权力的强制性的正当与否，因此带来不同的两个要素，一个要素是作为国家主权之表达的法律配置，一个是国家公共权力的具体决策。新自由主义把法治国家的普遍原则引入经济立法中，经济领域中的法治国家原则形成。

新自由主义比较完善的治理体系形成了，它把经济看作一场游戏，经济人或者企业是游戏的参与主体，围绕经济的法律制度就是游戏的规则，是治理行为干预经济游戏的方法。经济因此就是在由国家所保障的法律—制度框架内受到调控的企业游戏，国家和国家公共权力只能以法律的形式参与到经济秩序中，只有公共权力受制于法律干预，经济秩序才能出现，它才能是它自身的调节准则和结果。法治因此不是去干预市场，而是去干预公共权力，它为市场走进社会、政治的保驾护航。总体而言，社会干预、社会政治以及法律干预为经济界定了新的制度框架，法治给其提供了形式立法的保护，使得竞争的市场和竞争的社会得以运转。市场经济、经济人、市民社会、法治国家等，新自由主义技艺就是通过这些东西来治理的。一切都是治理技艺的理由，都是为了更好治理的产物。

四　自由理由治理术的后果

自由主义、新自由主义的治理实践、节制的治理体系，应该说已经达到了最为理想的治理境界，是最好的治理方式，是给人充分自由、又为自由提供保障的治理方式。但福柯反对作出这样的判断，因为这种治理技艺在机制上、效果上、原理上虽然都是新的，但它并不废除、抹去、消除或者扬弃国家理由，它并没有摆脱管治国家的特征，这种尽可能少地来治理的技艺反而是国家理由的增强和内在精练，是为了国家理由的维护、全面发展和完善。福柯把自由主义理解成治理技艺，理解成国家理由的进一步精练，要说明的是，自由主义不在于实现个人的自由，而是为了更好的治理。基于自由理由的治理没有真正抛弃国家理由的治理，只是要使国家理由更具有正当性、合法性，更好地进行。

基于自由理由的治理不是保证哪种自由，它是自由的消耗，它利用自由、约束自由，它要在自由的状况下运转，借助于市场自

第十章
自由的伎俩

由、买卖双方的自由、行使所有权的自由、讨论的自由、必要时的言论自由等来治理。"新的治理技艺表现为自由的管理者,这不是命令式意义上的'你是自由的'(sois libre),这个命令能立刻带来矛盾。自由主义的表述不是'你是自由的'。自由主义的表述只是这样的:我要为你产生出自由所凭借的东西。我将使你自由地成为自由的。"① 在基于自由的治理体制下,自由不是既定的,不是固有的,不是说人本来如此,它是被需要的,是被创造出来的、被组织出来的,也是为治理服务的。治理术要生产出自由,不是命令人去自由,而是承诺不断地给人带来自由的条件,而是管理和组织人们能够自由所依赖的条件。这就随之带来复杂的关系,一方面有可能会产生出自由,一方面在产生自由的同时滋生去限制和摧毁自由的危险。基于自由理由的治理,在其核心处暗含着自由的产生/毁灭的关系,为了实现人的自由,就必须以限制自由为补充。

基于自由理由的治理因此是运用自由辩证法来进行治理的技艺,"自由主义不是接受自由。自由主义是每时每刻制造自由、激起自由并生产自由,当然还伴随着(一整套)约束和制造成本问题"②。这种治理不是说任意自由,它也要约束自由。正像基于国家理由的治理,也要约束国家一样,自由理由也要约束自由。约束自由,所依据的原则是安全。安全原则的出现是福柯重回针对人口的生命权力、生命政治的表现。自由和安全因此被福柯认为是基于

---

① [法]福柯:《生命政治的诞生》,莫伟民、赵伟译,上海人民出版社2011年版,第53页。
② 同上书,第54页。

自由理由的治理的核心，也可以说是生命权力的核心。

基于自由理由的治理要保护集体利益来反对个人利益的侵犯，要保护个人利益反对集体利益的侵犯，它要保证利益的运转不对个人和集体造成风险。为了安全，基于自由理由的治理必须时刻围绕着风险来评判个人的自由和安全，它必须对风险进行管理，确保个人或集体尽可能少地面对危险。这是这种治理术带来的第一个后果，那就是，"没有关于危险的文化，就没有自由主义"。自由主义的信条就是"危险地活着"，它要说服人，让人坚信个人永久地处于危险境遇之中，它让人们感受到他们的处境、生活、现在和将来充满着危险，对危险的刺激是自由主义的主要内涵之一。

基于自由理由的治理，带来的第二个后果是控制、约束、强制手段的惊人扩张。福柯强调，这正好是规训技术出现的社会背景。规训技术的出现是和自由主义不矛盾的，正是自由主义的原则和实践，带来了规训技术的运用，这是历史的讽刺。为了自由，为了保障安全，为了维护个人和集体利益，必须掌控个人行为直至其最微小的细节之处。自由主义不是随便去干预，而是在个人行为及其细节没有按照治理所要求的行为机制、交换机制、经济生活机制所希望的那样时，才进行干预。

它因此要通过更多的控制和干预来引入更多的自由，来产生、激发和增加自由。因此必须需要控制，人们只能通过一种对自由构成威胁的经济干预主义来保障各种民主自由，但这种控制，会出现过度的干预主义和过度的束缚与强制，因此导致反抗和对规训的不容忍。这是基于自由理由的治理的第三个后果。自由—控制—抵抗，正是这种技艺必须面对的三个要素，必须不断地去保障自由，

第十章
自由的伎俩

产生更多的自由，不断地去消除影响自由的威胁，这就必须去控制，而去控制，又会引起抵抗。这是自由主义治理术的根本问题，其实也是福柯给今天提出的问题，权力真的能够带来真正的自由吗？权力如何做到不是在消耗自由，不是在追求自由的名义下葬送自由？

第十一章

自我的技术

从统治权力到规训权力再到生命权力，从统治术到治理术，福柯提供了一幅权力完全操控人的生命、身体、性、作为整体的人口以及人类社会政治经济一切领域的图景。问题在于，权力的支配技术如此全面，人该如何摆脱不被权力支配的命运？也许正是基于这种考虑，在福柯生命的最后几年，他开始研究"自我的技术"，以此作为摆脱权力的技术的技术形式。[①] 这是他提供的富有美学意蕴的策略，尽管容易让人产生一种不切实际的想法，但这毕竟是一个思想家经过深邃的思考之后发出的呼吁，值得重视。

[①] 从1980年法兰西学院的演讲《对活人的治理》开始，福柯关注的对象从权力如何治理，转变为个体如何自我治理。1980—1981年的《主体性与真理》，1981—1982年的《主体解释学》，1982—1984年的《对自己与他人的治理》都是探讨自我的技术的问题。1984年出版的《性经验史》的第二、三卷也是如此。另外还有在此期间的一系列讲座、访谈、论文都以这个问题为主题，所以判断福柯的研究方向有一个从权力技术向自我技术的转向是有充分的依据的。

第十一章
自我的技术

一　反支配技术

在1982年所做的名为《自我技术》的讲座中，福柯讲到我们的文化用不同的方式发展出关于自身的知识，这些知识总是与具体的技术结合起来而成为人们了解自身的工具，这些"技术"有四种主要类型，即使人能够生产、转换或操控事物的"生产技术"，使人们能够运用符号、意义、象征物或者意指活动进行交往的"符号系统技术"，以及决定个体的行为，并使他们屈从于某种特定的目的或支配权，也就是使主体客体化的"权力技术"，最后一种类型的技术就是"自我技术"。福柯指出，自己所关注的就是后两种技术，即权力的技术与自我的技术。他尝试构建的历史，是关于支配权力及自我的知识所编成的历史。权力的技术是一种支配技术，自我技术则是反支配的技术，是反抗权力技术的技术。

福柯赋予"自我的技术"很重要的地位，认为它势必要变成现代哲学的一极，它完全不同于"世界是什么""人是什么""真理是什么""知识是什么"等这些传统哲学的问题，它是对哲学来说富有革命性变革意义的问题。就福柯在不同文本中所做的界定来看，自我的技术的特点包括：

其一，它是个体对自己的技术，即自我对自我的技术，当然他也接受其他个体对自我的建议，也涉及与他人的关系，但这种关系绝不是权力关系，"自我与他者之间的互动关系问题，对个体进行支配的技术问题，以及个体如何对自我施加影响的历史，也就是所谓的自我技术问题"①。

其二，这种技术有特定的目标，是要确定个体的身份、保持这种身份或改变这种身份，它是针对自己的身体、灵魂、思想、行为、存在方式的技术，是力求获得更高境界的技术。它是"使个体能够通过自己的力量或者他人的帮助，进行一系列对他们自身的身体及灵魂、思想、行为、存在方式的操控，以此达成自我的转变，以求获得某种幸福、纯洁、智慧、完美或不朽的状态"②。

其三，它"表现为一种态度、一种行为方式，充满了各种生存方式。它在人们反思、阐述、完善和教育的各种步骤、修行和养生法中得到了发展。因此，它成了一种社会实践，引发了个人之间的互动关系，引发了交换和交流，有时甚至是各种机构。最后，它还引发了一种认识方式和一种知识的确定"③。这涉及自我控制、自我认知、自我教化等。

这种自我的技术是否、何以能够成为反抗权力支配的技术？权力技术发展到规训权力、生命权力阶段，通过对身体规训的个体化以及对人口的总体化的双重束缚，已经完全进入人的所有领域，将人塑造成主体的形式。权力再也不是外在于人的压制力量，而成为人们自觉认同的、内化到人之中的内在要素。主体已经不再是人的主体了，已经完全成为权力的主体，它已经不再是人的独立、自

---

① ［法］福柯：《福柯读本》，汪民安主编，北京大学出版社2010年版，第241页。
② 同上。
③ ［法］福柯：《性经验史》，佘碧平译，上海人民出版社2005年版，第331页。

第十一章
自我的技术

由、人之为人的标志了，而是人被权力征服、奴役、操控的标志了。在福柯的视野中，主体总是处于从属的地位，只是权力技术的手段或工具而已，根本没有独立自主、无处不在的普遍形式的主体。

但福柯对自我的技术充满信心，他从历史的视野强调自我技术必然会起到的作用。人类社会历史进程共经历了三种斗争类型："反对统治形式（伦理、社会和宗教的统治）；反对将个体和他们的产品分割开来的剥削形式；反对个体自我束缚并因此而屈从他人的行为（这是反对臣属、反对屈从和主体性形式的斗争）。"[①] 不同的历史阶段会把不同的斗争形式作为主要形式，在封建时期，反对统治形式是主要斗争类型，19世纪则以反对剥削形式为主要类型，而现在则是反对臣服的主体性的斗争。

自我的技术，就是对臣服的、被支配的主体性的斗争的技术，也因此是限制和颠覆权力的方式。它拒绝被权力操控的主体性，重新建立一种新的可能性的主体，"结论是，我们今日的政治、伦理、社会和哲学问题不是试图将个体从国家和国家体制中解放出来，而是将我们从国家和与国家相关联的个体化类型中解放出来。对数个世纪以来强加于我们身上的个体性进行拒绝，我们就可以促发一种新的主体性"[②]。不要强加的主体性、个体性，而是要重建属于自己的主体性、个体性，"今天的目标不是去发现我们之所是，而是

---

① [法]福柯：《福柯读本》，汪民安主编，北京大学出版社2010年版，第284页。
② 同上书，第287—288页。

拒绝我们之所是。要摆脱政治性的'双重束缚',即现代权力结构同时性的个体化和总体化,我们就必须去想象和建立我们可能之所是"①。自我的技术归根结底就是一种对我们可能之所是的想象,不被权力所纳入的新的主体性的方法。

福柯的逻辑很简单,我们没办法逃脱权力关系的压制,就只能通过自我与自我的关系,通过自我的技术来摆脱它。难度就在于此,当权力的技术已经无所不在,已经进入日常生活的角角落落,已经完全打进人的肉体与灵魂之中的时候,一切难逃权力的诡计,一种新的可能性,一种新的自由的个体的可能性,如何可能?这不仅仅是福柯的难题,而是现代以来思想家包括法兰克福学派思想家,包括后马克思主义,后现代主义理论家都必须面对的难题。自我的技术因此有它理论上的重要性、必要性,这不能否认,但它实践上的现实性,却注定难获得认可。

可能正因为此,福柯回到了对古希腊、古罗马的研究,去考察当时的自我的技术。福柯充满羡慕,因为只有那个时代,才存在真正自我的技术,才有真正自我对自我的关系。他感慨的是,19世纪西方资产阶级社会虽然赋予私人生活重要价值,把它理解为各种行为的参照中心,推崇私人领域的法则,但这种个人主义是虚弱的,因为自我对自我的关系没有得到发展,资产阶级的个体是被权力所形塑的。古希腊、古罗马的自我教化因此就比资产阶级的个人主义、私人生活有了价值上的优越性。

---

① [法]福柯:《福柯读本》,汪民安主编,北京大学出版社 2010 年版,第 287 页。

第十一章
自我的技术

回到希腊来找寻出路,这是奇怪的传统文化救赎论吗?当被问道"为什么要把注意力放到离我们那么遥远的古代呢"时,福柯的回答是,"我起初是从一个用当代术语表述的问题出发,我想弄清它的谱系。谱系意味着我的分析是从现实的问题出发的"①。这确实是福柯常用的手法,永远在讲过去,却又总是针对现实,反思现实,提供解决现实问题的出路,但这种历史上出现的实践就能解决当代社会遭遇的问题吗?

二 关心你自己

自我的技术的核心是"关心你自己"(epimeleisthai heautô/ souci de soi)②。福柯专门对这一术语进行了考证,他发现,关心自己是非常古老的论题,不只是出现在苏格拉底的思想中,还是整个古希腊、罗马文化中规定哲学态度的一个基本法则。它与"认识你自己"(gônthi seauton/ connaissance de soi)的准则联系在一起,甚至是比后者具有更高地位的范畴。它是比认识自己更复杂的实践,它是认识自己的真正支柱,构成认识自己的原则和理由。认识自己是被动的,只有为了关心自己,才会去认识自己。但在西方思想的发展历程中,随着基督教文化对关爱邻人、关爱他人伦理观念的强调,以及近代以来笛卡尔开创的主体性哲学对知识论的诉求,"认

---

① [法]福柯:《权力的眼睛——福柯访谈录》,严锋译,上海人民出版社1997年版,第144页。
② 对 epimeleisthai heautô/ souci de soi 的译法有多种,比如关心自己、关注自我、关注自身、照看自己等。

识你自己"倒成为苏格拉底众所周知的名言,关心自己的论题被遮蔽了。

福柯重新赋予了关心自己在人的生存活动中的重要性,指出关心自己是生存的技术必不可少的部分,人必须任何时候都要关心自己,而且人不应该是为了生活得好,为了更理性地生活,或者为了恰当地治理其他人而去关心自己,他应该是为了关心自己而关心自己,为了与自身有一个最好的关系来关心自己。就字面意思而言,关心自己是一个很简单的词汇,但福柯挖掘出了它在古希腊哲学中的丰富内涵:"当哲学家们和道德论者劝告人们关心自己(epimeleisthai heautô)时,他们不是简单地建议人们注意自己,避免错误或危险,或者找一个安身立命的地方。他们涉及的是一个复杂的和有规律的活动领域。可以说,在全部古代哲学中,关心自己同时被视为一种职责和一种手段,一种基本的义务和一整套精心确立的方法。"[①]

福柯总结了关心自己的三个层面的意思:它首先指关于自身、关于他人、关于世界的态度,涉及构想事物、立身处世、行为举止以及与他人交往的方式的论题;其次,它是某种注意、某种看的方式,即把注意力由外转向内,从观察外部、他人和世界等转向审视自己,监督自己所思和所想的方式;最后,它是指自身训练的活动,是控制自己、改变自己、净化自己和改头换面的活动。简而言之,关心自己涉及的是态度、看的方式以及训练活动。

---

① [法]福柯:《主体解释学》,佘碧平译,上海人民出版社2010年版,第383页。

第十一章
自我的技术

要把握福柯的关心自己,当然不能宽泛地将其理解为去看自己,去训练自己,还必须深入地追问。第一个追问应该是关心自己的什么方面?过多关注关心自己概念史考证的福柯,其实并没有用多少篇幅来详细说明,不过他曾指出过:"自我不是衣服、工具,或者财产。自我存在于使用这些工具所依据的原则之中,它不关乎肉体,而关乎灵魂。你必须为你的灵魂操心——这才是照看你自己最主要的活动。对自己的关心就是对这种活动的关心,而不是对作为实体的灵魂(the soul-as-substance)的关心。"① 可以判断,关心自己就是不要过于关注财富、权势、名声等身外之物,而是关心自己的内在,身体的健康、欲望的满足、心灵的宁静、灵魂的救赎、思想的纯粹等等,是去关注动态的内心、思想,去关注内心如何波动,欲望如何扩张,思考如何调整,等等。

第二个追问是关心自己实施的路径或者说如何实践关心自己呢?福柯讲过多种多样的方式,包括爱惜身体、健康养生法、非过度的身体锻炼,有节制地满足需要、检查良心、回忆、散步、释梦、沉思、阅读、写书信、对书籍或精彩会谈的注解等。他非常强调哲学阅读的重要性,"哲学阅读的目的不是认识作者的作品;它的作用甚至也不是深化他的学说。它主要是通过阅读提供一次沉思的机会,总之,这就是它的主要目标"②。阅读是沉思的机会,因而是关心自己的活动,书写更是如此,"书写在照看自己的文化中

---

① [法]福柯:《福柯读本》,汪民安主编,北京大学出版社2010年版,第247页。
② [法]福柯:《主体解释学》,佘碧平译,上海人民出版社2010年版,第276页。

也很重要。照看活动的一个主要特征就包括记录下关于自己的事情以便重读；写论辩性的文章以及书信给朋友，以帮助他们；以及专门准备笔记本，记录下那些对自己而言必要的真理，以使它们能重新发挥功用"①。书写的重要性在于它能够强化并拓宽人们的自我体验，能够思考自己内在的欲望、冲动、意念、情绪等，并因此能改变自己的存在状态。在此我们能够理解，福柯为什么声称他的每一步作品都是他的自传的一部分或一个片段，都是他个人自我体验的一部分，我们也能够理解，他为什么总是不断地变换主题。他是在用自我书写寻求自我的不断改变，来践行自己的关心自己的技术。

关心自己最重要的方法还是自我的修行（askêsis）。修行的重要性在于，它不是参照法律权威，不是让主体服从法律，修行能够通过一整套、一系列有规则的、精打细算的步骤，可以让个人形成、确定、定期地重做，以使其"最终形成某种完满的、自足的并能产生这种自身变形（即人身获得的幸福）的自身对自身的关系"②。它能养成一种充实和独立的修身关系，培养一种自身对自身的完满关系，为一系列不可预见的事件做好准备。以不变应万变，成功的修行能够让人直面所有偶然的事件，让人具备充足的应对措施，使人自由自在地言谈，自由自在地行动。而且，"'修行'允许说真话（向主体说真话，主体也向自己说真话）成为主体的生

---

① [法]福柯：《福柯读本》，汪民安主编，北京大学出版社 2010 年版，第 248 页。
② [法]福柯：《主体解释学》，佘碧平译，上海人民出版社 2010 年版，第 247 页。

存方式。'修行'让说真话成了一种主体的生存方式"①。"说真话"（parrhēsia）是叙说真理、真相的说话技术，是福柯认为的通过修行可以达到的主体的生存方式，是关心自己应该追求的"境界"。只有关心自己，关心灵魂的人才能够成为说真话者，因为说真话者本身是公开的，是彻底自由的，也因而是危险的。把说真话与修行的境界结合起来，可以看出福柯相信说真话对于改变社会状况的作用。

福柯还认为修行不仅是一种修身训练，而且是打通人与世界关系的中介。"说哲学修行只是一种修身的训练，这是不够的。我认为，必须把哲学修行理解为一种把认识主体塑造为正确行为的主体的方式。而且，通过把自身同时塑造成真知的主体和正确行为的主体，人就处于一个作为自身相关物的世界之中，这是一个被感知、被承认和被当作为考验的世界。"② 通过修行，世界成为人的自身的相关物，世界真正成为属人的世界，人真正掌握了世界。人能常修行，天地悉皆归。福柯关于修行的理论总能让我们想到中国传统文化关于修身养性、关于提高人生境界的问题。

关心自己归根结底的含义因此就在于要人们尽可能摆脱外在规范的约束，尽可能少受束缚，保证控制自己的只能是自己，保证实现自己精神的升华。这种把哲学的任务重新回到自我修养、回到修身养性的努力，是一种复古的潮流，是对西方近现代哲学偏重知识

---

① ［法］福柯：《主体解释学》，佘碧平译，上海人民出版社2010年版，第253页。

② 同上书，第376页。

论的反驳。福柯认识到人摆脱权力、理性、知识的束缚，就必须树立真正以人本身为原则的观念，就必须摆脱认识世界的方式，而采用用自己的生活来体验世界，来感受世界的方式。哲学的使命也不应该是给人提供原则或规范的理论，而应该是生活的实践，修养的实践，艺术的实践。我们要感叹的是，把哲学看作生活方式、修行实践的福柯，有没有用他超凡脱俗的短暂一生，实现了人与世界的沟通？

三　生存的美学

围绕着关心自己，福柯提倡一种新的伦理学，一种以关心自己这一基本命令为中心的自由实践。在《性经验史》第二卷中，福柯区分了两种类型的道德：一种是"以规范为导向的道德"，它以价值和行为准则的形式出现，通过不同的规范机制的中介如家庭、教育机构、教会等给予个人和全体。人们必须根据法则的各要素把自己塑造成行为的道德主体，人的活动的道德与否要根据是否符合某种规则、法律或价值来评判。这种作为规范的道德使个人成为主体。另一种道德则是福柯所推崇的道德，它是"以伦理为导向的道德"。它强调自我的实践，注重各种与自我发生关系的方式，人们为之设想的各种方法与技术，为使自我成为认识对象而做出的各种努力，以及使个体得以改变自己存在方式的各种实践。这两种道德有时相互平行，有时相互对立冲突，有时则相互妥协。

福柯认为，没有自我的实践，就没有真正的道德。自我的实践呈现出自我的技术的形式，它必然与道德立法相对立，因为一旦法

第十一章
自我的技术

则表现为法律、道德规范，自我的实践就消失殆尽。福柯放弃的是那种建构作为行为规范的伦理，被规范所支配的伦理，追求的是个体行为的伦理，即自己给自己构建行为的规则，实行自我的控制，用他的话来说，就是"用一种从自我的实践出发的伦理质疑的历史来取代一种从禁忌出发的道德体系的历史"[①]。福柯的新的伦理观出现了，自由被看作是伦理的本体论状态，"伦理"成为有意识的自由实践，成为自由的主体所采取的深思熟虑的形式。

以关心自己为核心原则的自我的技术就是自我的伦理学，或者说是自我控制的道德样式，它"强调的是与自我的关系，它让人可以不受各种欲望与快感的左右，控制与战胜它们，保持神志清醒，让内心摆脱各种激情的束缚，而且可以以充分地自我享受或完美地控制自我的方式生活"[②]。福柯显然是想从以伦理为导向的道德中找到摆脱权力控制技艺的技艺，讨论在没有规范的情况下，没有外在道德标准的情况下，自我对自我的节制和操控的可能性。福柯为此强调了自我的主体化，区分了主体与主体化。主体是被规范、权力、话语等外在力量塑造的结果，主体化则是动态的、开放的自我不断塑造的过程。一个是外在的塑造，一个则是自我的塑造，自我的不断改变，自我风格的展现。说白了，福柯就是反对任何外在的规范，强调自己对自己的塑造，因为任何外在的规范本身都是权力的技术，所以只有采用自我的技术才能克服权力的渗透。

[①] [法]福柯：《性经验史》，佘碧平译，上海人民出版社2005年版，第114页。

[②] 同上书，第126页。

这种没有规范的、完全依靠自己的伦理学是否会存在隐患，是否有可能陷入自我中心主义、纵欲主义的窠臼？福柯否定了这种可能性，他认为这种关心自己的伦理也同样是关注他人的方式。"自我关注本身就是伦理的；不过，自由的这种气质也是关注他人的方式，就此而言，它意味着与他人的复杂关系。"① 关心自己具有积极的伦理含义，不可能变成夸张的自爱形式，以至于忽视他人，或者向他人滥用权力。经过修行的个人不会出现这种状况，这确实可以自圆其说。但问题还在于，道德能够没有外在规范而只有自我控制吗？没有外在规范，人的自我控制的依据、方法是什么呢？或者说这种没有外在规范的道德真的会出现吗？

福柯的回答是肯定的，它就出现在古代。古希腊、古罗马的道德主要就是以自我实践与修行为导向，而不是体现为行为的规范化，对什么是允许的与什么是被禁止的严格规定。在古代道德中规范虽然也被强调，也有制约个体行为的规范，但那种对伦理的追求，主要是为了证实人的自由，把生活塑造成个人的艺术。福柯从希腊人在养生实践、家政管理实践、向年轻人求爱的实践这些著名的实践里，探寻作为道德问题的有节制的性行为，发现他们虽然也强调了性节制的普遍原则，倡导一夫一妻制的严格忠诚，坚持严格贞操的理想，但没有得到具有规范性、约束性的条条框框，而是追求合理的和道德的行为形式，运用考量分寸、火候、数量和时机的策略，以达到自身的完美和顶峰，达到对自我的严格控制。主体的

---

① ［法］福柯：《福柯读本》，汪民安主编，北京大学出版社 2010 年版，第 354 页。

第十一章
自我的技术

节制不是来自于人人都应该俯首听命的一种普遍法律形式，它来自于主体的行为风格。

福柯的研究有一种深表惋惜的情感，好的东西失去了，留下的却是带有规范法则形式的坏的东西，因此在今天建立一种自身伦理学的任务不可或缺，需要重新开启。"有必要怀疑某种在今天不可能建立一种自身伦理学的事情，如果真的只有在修身关系中才有抵制政治权力的首要的和终极的支点，那么建立一种自身伦理学也许是一种紧迫的、根本的和在政治上不可或缺的任务。"[①]福柯要建立的这种自身伦理学，区分于规范性的、约束性的伦理学，通向的是一种生存美学，自我的伦理能促使自己支配自己的生活，并使自己的生活更优美，"问题在于知道怎样支配自己的生活，才能让它具有更优美的形式（在别人眼中，在自己眼中，在自己将要成为榜样的未来一代人的眼中）。这就是我所要重建的：自我实践的形成和发展，其目的是为了把自己培养成自己的生活的美学的工程师"[②]。通过自由的自我的实践，让自己的生活更优美，让自己成为生活的美学的工程师，这确实是福柯的美好想象。

福柯的伦理学已经不能用现代伦理学的观念去理解，他的伦理学成为一种美学，一种美学化的伦理，他追求的是美，艺术的美和生活的美。"我们必须理解那些审慎的和自愿的实践，人们通过它们不仅确定了各种行为的规则，而且还试图自我改变，改变自己独

---

① ［法］福柯：《主体解释学》，佘碧平译，上海人民出版社 2010 年版，第 197 页。

② ［法］福柯：《权力的眼睛——福柯访谈录》，严锋译，上海人民出版社 1997 年版，第 141 页

特的存在，把自己的生活改变成一种具有审美价值和反映某些风格标准的作品。"① 这种美学化的伦理注重打造自己，把自己的生活打造成美的作品。自我伦理学真能够把人的生活打造成为一件艺术品吗？这种呼吁能够起到多大的作用，能够对权力的技术有多大的反击效应，不免令人怀疑。

四　快感的享用

自我伦理学是一种美学的伦理学，是把自身打造成风格化和审美化作品的伦理学，它有一个努力的方向，那就是"快感的享用"（chrēsis aphrodisiōn）。"古代对快感的道德反思不是旨在把行为规范化，也不是形成一种主体的解释学，而是达到一种态度的风格化和一种生存美学。"② 福柯发现，希腊人对性行为的道德反思，没有去证明各种禁忌的正当性，而是让自由风格化。他们不是把性行为当作用来区分正常行为和不正常、病态行为的领域，不是把性快感看作一种罪恶或者是有自然污点的错误的一部分，而是从关心他的身体的方式来规定快感的享用，它的可行的条件、有用的实践和必要的稀有性。这种关心不仅是医疗性的，而且还是养生性的，其目的是要调节一种对于健康有重要性的活动，它不是消除病态形式，而是尽可能好地把性整合到对健康和肉体生命的管理之中。快

---

① ［法］福柯：《性经验史》，佘碧平译，上海人民出版社 2005 年版，第 112 页。
② 同上书，第 170 页。

第十一章
自我的技术

感的享用因此不同于知识、话语、权力塑造主体的方式,它没有受到法律、道德、教义等外在力量的规范,它是通过快感来塑造主体化的形式,是典型的自我的技术,是关心自己的方式。

福柯经过考察古希腊、古罗马性行为的三种形式,即以身体为主题的快感养生法、以婚姻为主题的家政学、以男童为主题的性爱论,得出的结论是:快感的享用带来一种开放的性,风格化的、艺术化的性行为。其中,养生法的实践是个体与自己的身体发生日常关系的艺术,家庭治理实践是作为一家之长的男人节制的行为艺术,恋爱行为中的求爱实践则是男人与男童在恋爱关系中互动的艺术。

希腊人把"养生法"看作人之为人的基本范畴,认为它规定了人们的生活方式,为行为确定了一整套的准则。养生法就是一种生活艺术,对人的主体化有着至关重要作用的方式,"作为生活艺术的养生法实践不同于一整套旨在避免患病或治愈疾病的防治措施。这是一整套把自己塑造成一个对自己的身体有着恰当的、必要的和充分的关心的主体的方式"[①]。在其中,性行为、性活动本身没有合法与非法之分、道德与不道德之分、正常与不正常之分,只是被认为是一种应该多少有所限制的活动,一种需要反思和审慎的实践,而不是被否定的对象。问题在于享用,在于根据身体的状态和外部环境来调节享用,重要的是测算出进行性交活动的恰当的时机和频率,预防将来的各种疾病,把自己培养、锻炼和考验为一个有

---

① [法]福柯:《性经验史》,佘碧平译,上海人民出版社2005年版,第183页。

能力控制激烈的性行为,能够保护自己身体健康的人。

福柯赞赏的是,古希腊人以反思的形式来对待性行为的激烈性、体力消耗与死亡,不对性行为提出规范,也不力求建立一种性交技巧,而是建立一种生活的技术,这种技术不要求消除人们性行为的自然本性,也不夸大它们的快感效果,而是试图尽量按照自然的要求安排性活动。这种技术让人从整体上考量自我与性活动的关系,学会恰当地支配、限制与安排性活动的技能,使自己成为支配自己行为的主体,成为灵活地、审慎地引导自我的人,能够恰当地把握分寸和时机的人。这是公民的伦理塑造,它通过控制自身爆发出来的各种力量和自由分布的精力,使自己的生命成为"一件在自己短暂一生之后仍然继续存在的作品"。

福柯在古希腊家政治学中发现的是节制的智慧。古希腊人在家庭之中不是强调夫妻双方必须为对方的贞洁负责,谨防对方犯下肉体上的罪恶,而是规定婚姻生活的双方都要节制。人们不是从夫妻的个人关系出发探讨他们的性行为,他们的性生活本身不是反思和规范的对象,人们探讨的是夫妻双方能否表现出与他们的性别与地位相应的节制。节制是最重要的家庭美德,快感可以尽情地享受,甚至可以打破婚姻家庭的束缚,但必须自我节制,必须从自己的声誉、财富出发,从高尚和美好的生活出发,进行自我节制。而且,节制不是夫妻共同的事情,他们没有必要担心对方是否节制,因为节制是自己的事情,每一方都追求属于自己的节制,双方的节制属于两种不同的与自我发生关系的方式。男方的节制属于自我约束的伦理,它要对自己的行为进行控制,并且有节制地控制其他人,就必须以节制自己的行为为前提。依现在的眼光当然是不可能理解古

第十一章
自我的技术

希腊、罗马人的婚姻观念的,性是人的欲望,任由它蹦出,会侵犯到其他人,自我节制的性如何能够保障,如何可能?

福柯还关注到了古希腊人的同性恋问题,而且是男人与男童之间的关系。他也认识到,与男童关系的快感享用是一个令人不安的主题。但古希腊人并不把同性恋与异性恋对立起来,看成互相排斥的选择和两类截然不同的行为,也不把倾慕男童和少年的爱情认为是非法的。古希腊人对男童之爱的反思,突出的问题是如何把男人与男童的性关系转变为另一种关系,一种非肉体的能够共同分享情感和财产的关系,转化为一种最终对社会有价值的友谊关系的基础。只有转化为这种关系,对男童之爱才会被认为是道德高尚的。福柯强调,不能从欲望主体去思考同一性别的两个人的关系,而是从享用快感以及男人如何对自我行使权力的角度去看待。古希腊文化对男童之爱最后确立的原则是,恋爱关系的对等性和互惠性要求,与自我进行长期而艰难的斗争的必要性,逐步净化只面向真实的自身存在的爱情,以及人对于自身作为欲望主体的探询。对男童之爱的反思不是否定了男童之爱的方式,不是导致禁欲主义,而是导向一种风格化的方式。

福柯以充满艳羡的语气考察了古希腊人没有外在道德规范、只有关心自我的伦理的性快感,意在强调一种不同于现代社会禁忌的、对人约束和规范的权力技术。这应该是现代人学习的典范吗?福柯是在羡慕与鼓吹性的自由与开放吗?用这种风格化的性行为的说法,福柯似乎给了男子的婚外性行为、男人猥亵男童行为以合法性,给其披上了美丽的外衣。以现在眼光不能接受的性行为,被福柯理解成风格化的生存美学,归根结底在于他认为现代社会的一切都被规范，被权力所操控，要找到摆脱权力的方式，只能回到权力技术不够完善的古代社会，追求那种被现代的世俗所不能接受的行为。

问题还在于，以这种快感的享用为代表的自我的技术真就能够对抗权力的支配技术吗？在包括《性经验史》第一卷在内的福柯的早期文本和谈话中，福柯实际上自相矛盾，一方面，他认为必须从身体和快感中找到反抗权力的途径："如果我们想通过一种对不同的性经验机制的策略性翻转，利用身体、快感、知识的多样性及其反抗的可能性来反对权力的控制，那么我们一定要从性权威中摆脱出来。反对性经验机制的支点不应该是性欲，而是各种身体和快感。"① 而另一方面，他认为权力实际上也利用快感来展示自己的技术。权力产生快感，利用快感，"从来没有一个社会比今天的社会在权力与快感之间建立更多的接触和循环的联系，从来没有一个社会比今天的社会拥有更多的中心，其中，激烈的快感与固执的权力相互激发，不断扩张自己的领地"②。

权力还创造有关快感真相的快感，这种快感不是个人在性活动本身中得到的快感，而是从探究性活动的真相中得到的快感，从揭示出并找到反常性活动的真相中得到的快感，这是一种有关真实快感话语的特殊快感。权力让坦白者在坦白的过程中得到快感，也让权力的行使者在听到这种坦白、得到真相的过程中得到快感，权力

---

① [法] 福柯：《性经验史》，佘碧平译，上海人民出版社 2005 年版，第 102 页。
② 同上书，第 33 页。

第十一章
自我的技术

关系的双方都得到了快感，使双方在感到满足的同时进入权力的操控之中。福柯曾举过一个例子，说父母在干预孩子手淫的过程中，也产生了干预隐私的快感。而孩子们因被禁止只能对手淫进行秘密的交流，也产生了秘密交流的快感。父母和孩子双方都既有焦虑，又有快感。权力对性的干预，因此也产生不去干预就没有的快感，因此存在着"一个话语、知识、快感与权力相互交织的微妙网络"。

可以判断，福柯对于以快感的享用为代表的自我的技术、自我的伦理学还是存在着怀疑的，他对自我的技术的探讨还是远远不够充分的。也许我们最好的理解是，不要真的以为福柯在找寻抵抗权力的技术，他只是在沉湎于历史的怀旧之中，或者为自己的"不正常的"生活寻找合理性的依据，他最终留下的还是悲观的观点，无论从哪个角度出发，我们都不能摆脱那个权力的技术，因为它已经进入我们的生命之中。

结语

权力的放逐

福柯在人类社会的角角落落不断搜寻隐藏的权力，他所描绘的世界就是权力的世界，他所揭示的历史就是权力技术的发展史。

从统治权力到规训权力，再到生命权力，权力利用一系列的策略、技术、手段，依托于国家机关、家庭、学校、医院（精神病院）、工厂（企业）、监狱等众多机构，借助知识、真理、科学、话语、法律等工具，构筑了一个从宏观到微观的整体机制，实现了从专断任性到合法合理，从明枪易躲到暗箭难防的转变，成功地从宏观政治领域进入日常生活的毛细血管处，从外在于人进入人的生命、人的肉体、人的心灵乃至性之中。

福柯就是如此执拗地告诉我们，这里是权力，那里是权力，一切都是权力，我们已经深陷其中，难以逃脱。人生而自由，却无时不在权力的枷锁之中。我们甚至会发现，人天生就是权力的动物，人与人的关系就是权力关系，只有权力是本体的，是先天的、天生的，传统的政治哲学范畴，包括国家、自由、公民、法治、治理都是为了权力更好实施而建构的产物。

权力拥有多种多样的技术，永不停息地生产出它所需要的工具来治理，它不是只以否定性的强权来给人施加压力，而是引发人的

结 语
权力的放逐

乐趣，激发人的话语，生成人的知识，管理人的生命，提升人的能力，确保人的健康，权力不再外在于我们，它塑造着我们。我们成为权力雕刻出来的主体，并自觉认同它，任由它进入我们的世界之中。

伟大的思想家在分析社会的时候，总会给我们留下很多反思的空间，总是会让我们看到我们自己看不到的困境。马克思与福柯都是这样的思想家，一个揭示出资本逻辑造就的恶果，另一个揭示出权力运行建构的迷局。马克思指认了资本的幽灵在世界上空的徘徊，福柯则指认了权力的幽灵在社会上空的游荡。资本是关系，权力也是关系，都是人与人关系的外在表现，是人创造了资本，是人构建了权力，但我们为什么就不能根据我们的意愿来自由地改变我们的关系？我们为什么不能操控资本，为什么不能掌控权力？

福柯揭示了权力的无所不在，也试图找到反抗权力支配的技术。前者他完成得非常好，后者则很难让我们信服。我们该如何对抗权力，我们能否放逐权力？也许当权力控制生命、驯服肉体、调控人口、操控性欲的时候，我们的任何抵抗都是徒劳的。

福柯是悲观的，在他的描绘下，现代社会已经根本找不到要反抗的权力对象。因为没有所谓的权力实体，它弥散于社会的各个领域，存在于生活的各个空间，它既是统一的又是扩散的，既是集中的还是分布的。权力是关系，只有在运作的时候，它才存在。它就像幽灵一般，有时显形，有时又消失，它不是就在那里等着我们去反抗。我们对付权力，就是要对付那时隐时现的幽灵，这谈何容易？

而且，经过福柯的考察，这种新形式的权力已经利用了反抗，它把反抗作为自己运作的内在要素，它依靠反抗来维系自己的地位。哪里有权力，哪里就有抵抗。抵抗不是外在于权力的，它与权力是共生的、同时存在的。权力给人机会，让人们去反抗它，去批判它，权力是宽容的，它喜欢听到反面的声音，因为它知道这种声音不可能侵犯到它，反而会让人更自觉地在它的支配下行动，会让人以为它是善意的，是包容的，是美好的。我们注定不能成功地放逐权力，因为反抗本身就是权力的狡计。这种逻辑无疑让人懊恼。

描述一个不可能对付的幽灵，一个不可能放逐的权力，这样的理论又有什么价值？对生命权力描述得越深刻，越全面，这样的理论就越让我们感到无奈，我们真的需要这样的理论来狂虐我们吗？我们为什么偏要在越来越文明的时代、越来越美好的社会，杞人忧天似地挖掘公共权力运作背后的阴暗面？

福柯的生命政治学是在提醒我们，那个高高在上的政治权力是我们容易反抗的，而那些在社会的细枝末节以及在我们的肉体、灵魂中的权力才是难以克服的。那个掌握生杀大权的、任意而为的权力是容易反抗的，而那个打着保护社会、保障自由、负责生命的权力却是难以克服的。我们的世界要更文明，我们的社会要更美好，就必须找到下一步的任务，从对公开的权力的批判，进入对更深层次权力的解构。我们不要过于乐观，不要真的以为让人恐惧的权力消失了，我们要提防权力，它只是改变了伎俩，隐藏了踪迹，它不再是有特定地下通道的鼹鼠，而变成了居无定所不断游移的蛇，我们要捕捉到它的踪迹。

福柯又是乐观的，他总是在讲，只要存在着权力关系，就会存在反抗的可能性。我们不会落入权力的圈套，我们总会找到策略来

结 语
权力的放逐

改变它的控制。福柯举了个很好的例子,权力总是要对身体进行控制,要求身体接受体操、锻炼、健美运动、裸体主义、身体崇拜,借此利用人的欲望进入人的身体之中。但权力一旦产生这种效果,就不可避免地要面对身体对权力的要求,面对身体的反攻。在这个时候,强化权力的东西反过来就会对它进行攻击,照此推理,权力把越来越多的东西纳入自己的领域之中,也就把越来越多的反抗的要素纳入其中,权力到头来只能是搬起石头砸自己的脚,最终因自己的不断扩张而被颠覆、被摧毁。

福柯让人充满自信,敢于去批判,去斗争,去质疑,去反思。批判是重要的,要学会并善于运用批判,依靠知识的考古与造反,重新审视所谓的知识和真理。斗争的主要对象不是去攻击这样那样的权力机构、群体、精英或阶级,而是特定的权力技术和权力形式。国王的脑袋被砍掉之后,权力已经飞入寻常百姓家,再去攻击权力的中心,去谴责、批判、革命某些权力的"代表",已经于事无补。现在关键的是解决日常生活中的权力关系,去理顺人与人之间的各种关系。这一点与马克思殊途同归,在马克思的理论中,一旦人的关系得以理顺,资本就将不再作为人的外在的力量而存在。

不同的是,马克思借助对社会发展规律的揭示和积极革命力量的推动,福柯选择的则是自我的技术。每个人就应该是平等、差异并都拥有自我技术的主体,他关心自己也关怀他人,不因对理性、知识、权力的占有而贬低其他人,这应该是福柯思考权力关系的落脚点。问题就在于,福柯选择的方向是回到古希腊、古罗马的修身技术,是对每一个个体的呼吁,是要求每一个个体的努力,但没有对现实社会的分析,没有特定力量的参与,没有任何外在的规范,没有任何制度的设计，如何能够保证放逐权力的实现？

　　到头来，从福柯这里，我们能够获得的只是个性鲜明、发人深思的深邃哲学，是让人眼花缭乱、无比艳羡的古典知识，而对现实问题如何解决，我们注定无法找到答案。这正如看出了一个很要命的病，开出的却是早已失效的药。哲学的深度思考要落地，看来并不容易！也许正是因为无法落地，哲学才成为哲学！

参考文献

外文著作

Michel Foucault. *The Courage of Truth*: *The Government of Self and Others* Ⅱ. *Lectures at Collège de France 1983—1984*, trans. Graham Burchell. New York: Palgrave MacMillan, 2011.

Michel Foucault. *The Government of Self and Others. Lectures at Collège de France 1982—1983*, trans. Graham Burchell. New York: Palgrave MacMillan, 2010.

Michel Foucault. *The Hermeneutics of the Subject*: *Lectures at Collège de France 1981—1982*, trans. Graham Burchell. New York: Palgrave MacMillan, 2005.

Michel Foucault. *The Essential Works of Foucault*, *1954—1984*, Vol. 2, *Aesthetics*, *Method*, *and Eptstemology*, ed. J. Faubion. New York: New Press, 1998.

Michel Foucault. *The Essential Works of Foucault*, *1954—1984*, Vol. 1, *Ethics*: *Subjectivity*, *and Truth*, ed. Paul Rabinow. New York: New Press, 1997.

Michel Foucault. *Foucault Live*: *Collected Interviews*, *1961—1984*, ed. Sylvère Lotringe. New York: Semiotext(e), 1996.

Edward F. McGushin. *Foucault's Askēsis*: *An Introduction to the*

Philosophical Life. Evanston：Northwestern University Press，2007.

中文译著

［法］福柯：《精神疾病与心理学》，王杨译，上海译文出版社 2014 年版。

［法］福柯：《生命政治的诞生》，莫卫民等译，上海人民出版社 2011 年版。

［法］福柯：《临床医学的诞生》，刘北成译，译林出版社 2011 年版。

［法］福柯：《安全、领土与人口》，钱翰、陈晓径译，上海人民出版社 2010 年版。

［法］福柯：《不正常的人》，钱翰译，上海人民出版社 2010 年版。

［法］福柯：《必须保卫社会》，钱翰译，上海人民出版社 2010 年版。

［法］福柯：《福柯读本》，汪民安主编，北京大学出版社 2010 年版。

［法］福柯：《主体解释学》，佘碧平译，上海人民出版社 2010 年版。

［法］福柯：《古典时代疯狂史》，林志明译，生活·读书·新知三联书店 2005 年版。

［法］福柯：《规训与惩罚》，刘北成、杨远婴译，生活·读书·新知三联书店 2003 年版。

［法］福柯：《知识考古学》，谢强、马月译，生活·读书·新

知三联书店 2003 年版。

［法］福柯：《疯癫与文明》，刘北成、杨远婴译，生活·读书·新知三联书店 2003 年版。

［法］福柯：《词与物——人文科学考古学》，上海三联书店 2001 年版。

［法］福柯：《性经验史》，佘碧平译，上海人民出版社 1999 年版。

［法］福柯：《权力的眼睛——福柯访谈录》，严锋译，上海人民出版社 1997 年版。

［法］阿兰·布罗萨：《福柯：危险哲学家》，罗惠珍译，漓江出版社 2014 年版，

［美］诺阿姆·乔姆斯基、［法］米歇尔·福柯：《乔姆斯基、福柯论辩录》，刘玉红译，漓江出版社 2012 年版。

［英］罗伊·博伊恩：《福柯与德里达——理性的另一面》，贾辰阳译，北京大学出版社 2010 年版。

［英］莱姆克等：《马克思与福柯》，陈元等译，华东师范大学出版社 2007 年版。

［法］德勒兹：《德勒兹论福柯》，杨凯麟译，江苏教育出版社 2006 年版。

［美］詹姆斯·米勒：《福柯的生死爱欲》，高毅译，上海人民出版社 2005 年版。

［澳］丹纳赫等：《理解福柯》，刘瑾译，百花文艺出版社 2002 年版。

［日］樱井哲夫：《福柯：知识与权力》，姜忠莲译，河北教育

出版社2001年版。

　　[法]吉尔·德勒兹：《福柯 褶子》，于奇智、杨洁译，湖南文艺出版社2001年版。

　　[英]路易斯·麦克尼：《福柯》，贾湜译，黑龙江人民出版社1999年版。

　　[英]阿兰·谢里登：《求真意志——米歇尔·福柯的心路历程》，尚志英译，上海人民出版社1997年版。

　　[法]迪迪埃·埃里蓬：《权力与反抗——米歇尔·福柯传》，谢强、马月译，北京大学出版社1997年版。

　　[法]德赖弗斯、拉比诺：《福柯：超越结构主义与解释学》，张建超、张静译，光明日报出版社1992年版。

中文著作

汪民安、郭晓彦主编：《生命政治：福柯、阿甘本与埃斯西托》，江苏人民出版社2011年版。

　　黄瑞祺主编：《再见福柯：福柯晚期思想研究》，浙江大学出版社2008年版。

　　莫伟民：《莫伟民讲福柯》，北京大学出版社2006年版

　　于奇智：《凝视之爱——福柯医学历史哲学论稿》，中央编译出版社2002年版。

　　李银河：《福柯与性——解读福柯〈性史〉》，山东人民出版社2001年版。

　　汪民安、陈永国、马海良编：《福柯的面孔》，文化艺术出版社2001年版。

参考文献

刘北成:《福柯思想肖像》,上海人民出版社2001年版。

陆扬:《后现代性的文本阐释:福柯与德里达》,上海三联书店2000年版。

王治河:《福柯》,湖南教育出版社1999年版。

后　记

　　这是一本力图将福柯的生命权力、生命政治原貌完全展示出来的著作，是一本力图让不研究福柯但对福柯感兴趣的读者真正读懂福柯的著作。

　　我为什么要研究福柯？是因为，我经常在学术的海洋中"不务正业"地自由游弋，不停地被一个又一个思想家的思想所震惊，碰到了福柯，我又震惊了一把？如果是这样，就是对伟大思想家不负责任，也是对自己的学术道路不负责任。

　　我研究福柯，是因为我对权力感兴趣。我一直认为，对作为政治哲学核心概念的权力，理应有系统的知识储备。福柯对权力的深入挖掘，对权力历史演变的宏观分析，对权力技术的微观解剖，吸引了我，让我觉得他就是我站在巨人肩膀上言说所需要的"巨人"之一。

　　其实，早在我刚刚读硕士、刚刚走上学术这条路的时候，我就已经开始读福柯的书了，当时懵懵懂懂，总觉得这个思想家很独特。在11万余字的硕士学位论文《现代性桎梏的消解——后现代主义政治哲学研究》中（可惜一直没有出版），我有很大一部分是在写福柯。只可惜，从政治学（政治哲学方向）走向马克思主义哲学研究，让我对福柯的关注暂时中断了。

　　机缘巧合的是，当我的博士学位论文聚焦"自治主义马克思主义"

后记

的时候，我发现其中的代表人物奈格里（Antonio Negri）、保罗·维尔诺（Paolo Virno）、拉扎拉托（Maurizio Lazzarato）等人竟然都与福柯有着千丝万缕的联系，他们都不约而同地以不同的方式演绎着福柯的生命政治思想，这让我觉得我的学术研究是绕不开福柯的，我也应该"回到福柯"。于是，在博士论文以《大众的语法——国外自治主义马克思主义的政治主体建构学》修订出版后，我又开始翻开福柯的书。

但很多时候，不是你想干什么就能干什么，青年学者的学术道路更是如此。回到福柯又一次搁浅了。因为博士毕业后的我，从国外马克思主义研究先回到了对马克思主义经典作家文本的大众化、通俗化解读。用时髦的话来说，基础不牢，地动山摇，我要利用写通俗理论读物的机会把经典读得更透一点，让自己更有底气。这项努力形成的最终成果就是"经典悦读系列丛书"，这套书我一写就写了 10 本，解读了《1844 年经济学哲学手稿》《资本论》（第一卷）等著作。在其中的间隙，我认真读着福柯，不断加深对福柯思想的理解，最难得的是有机会比较分析了马克思与福柯的研究路数。

我明白了一个道理：一个伟大的思想家，要给自己找到对手，找好对手，解决这个对手，他就会被冠之于"伟大"之名。马克思找到了，他找到了资本，福柯也找到了，他找到了权力。从马克思再到福柯，正是从研究"资本"到研究"权力"。而权力和资本正是我们这个时代最有力量的"物化关系"。

马克思力图解决的难题是人所创造的资本为何会操控人，福柯思考的则是人们所建构的权力为何会将人打造为被支配的主体？我们所生活的社会，依然面临着这样的困境，资本和权力是我们所创制的东西，为什么我们却不能自由地让它们服务于人，而总是很无奈地被它们所操控，这应该是我对福柯感兴趣的最深层动因。

要说明的是，研究一个思想家，不代表要成为研究这个思想家的专家，把自己印上他的标签，多了一个研究福柯的人。我研究福柯，没有想过成为他的专家，我也没有必要也没有能力去争取做国内福柯的研究专家。我只是想用福柯的权力理论给我的学术思想打上一块地基。仅此而已。我相信自己做到了，这就足够了。学无止境，我很乐意接受福柯研究专家的批评指正。

感谢我的博士后合作导师刘森林教授，在我从南京一路南下到广州之后，他让我的学术研究有了新的"站台"，跟他的每一次接触都让我受益匪浅。我依然要感谢南京大学马克思主义哲学专业的各位老师给我的学术熏陶和治学压力，他们不断推出的丰硕成果激励着我对学术的追求，我也时刻告诉自己，不能辜负他们的期望。

感谢中山大学哲学系的徐长福教授、马天俊教授、旷三平教授、吴重庆教授等老师，他们在报告开题时给我提出了宝贵意见，感谢中山大学钟明华教授、华南师范大学尹树广教授、广州大学张其学教授，他们在我出站时给了我亲切指导，并提出了修改意见。

感谢我在站期间有幸结识的青年教师和博士，龙柏林、龙霞、林育川、林钊、王文扬、陈长安、邓先珍、田明、杨丽婷、高海青、冯波、连杰等，他们让我的知识得以进一步丰富，给我的在站生活增添了许多乐趣。

感谢我的工作单位——中共广东省委党校以及广东行政学院的领导和同事，感谢哲学教研部的同事，他们给我提供了很多的机会，让我很快融入并取得了以前从来不敢想象的成绩。

后 记

感谢我的父亲和母亲,我的妻子赵金英,我的儿子陈以诺,他们是我最稳固的后方,让我做任何一件事情都无后顾之忧。他们是我的骄傲,我也希望我永远是他们的骄傲!

陈培永

2016 年 7 月于广州黄华园